一　看　就　懂　的　韓　國　傳　統　世　界

朝鮮王朝的衣食住

豐盛的料理！

華麗的服裝！

絢爛的王宮！

朝鮮王朝時代的女性衣著

●藍色翟衣

朝鮮王朝（又稱朝鮮國、李氏朝鮮）末期，翟衣變成鮮豔的藍色。史料中出現的翟衣以這款藍色的居多，但歷史較悠久的是紅色翟衣。藍色翟衣是朝鮮王朝末期盛行的款式。最大特色是在藍色絲綢上使用五色絲線繡上鮮豔雉紋。雉紋象徵夫婦和合、鶼鰈情深。

兩隻雉為一組紋樣，共繡上十二層，總計一百五十四對雉。搭配的髮型是與紅色翟衣相同的大首。

●紅色翟衣

王室女性須依不同儀式穿著不同禮服。國家慶典須著大禮服，出席官方宴席則穿小禮服。大禮服中規格最高者稱為翟衣。在此以第二十一代君主，英祖時代穿著的紅色翟衣為例。翟衣使用紅色緞子製成，在前身與後身以金線繡上圓形雉紋，共計五十一個刺繡圖案。此外，胸口、背部和肩膀還有以金線繡的五爪龍紋補（圓形刺繡）。

紅色翟衣與藍色翟衣同時亮相

在重現朝鮮王朝時代服裝的活動上，同時出現紅色翟衣與藍色翟衣。顏色明顯不同，令人玩味。

大首

王妃穿著翟衣時，須戴上專門搭配翟衣，名為大首的假髮。髮型長度及肩，由上往下向外撐開。

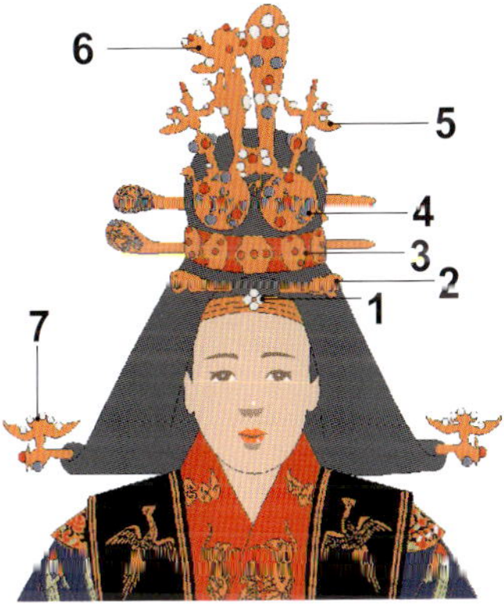

1. 珍珠
2. 龍簪（髮簪）
3. 鳳首唐織帶（用於固定頭髮的頭巾狀配飾）
4. 玉板（增添華麗感的髮飾）
5. 「小立鳳簪」髮簪
6. 「白玉立鳳簪」髮簪。將白玉雕成鳳凰造型，加上黃金裝飾。
7. 以黃金製成的「金鳳簪」髮簪。

●圓衫

圓衫是王室女性穿著機會最多的大禮服之一。王妃穿的紅圓衫特別華麗，衣服上繡著許多象徵王妃的鳳凰紋樣。以金線點綴鳳凰圖案，頭上還要插著鳳凰髮簪。此外，紅色布料的前身與後身，以金線織入雲朵與鳳凰主題的雲鳳紋。胸口、背部和雙肩則施以五爪龍補。白色大寬袖上則有金線織的鳳凰紋。

韓劇重現華麗的傳統服裝！

寬袖

穿著圓衫出席儀式時，雙手要在袖子內交握，將大寬袖垂在身前。

●闊衣

闊衣是公主穿的大禮服，特色是大紅色絲綢底布妝點華麗的刺繡圖案。整件禮服繡著帶有長壽或吉祥意涵的鶴、松等紋樣。大寬袖前端以黃色、紅色與藍色三種顏色的布料創造彩色條紋，這三種顏色帶有驅邪除厄的意思。此外，白色袖口施以華美的刺繡。這麼設計是有原因的，新娘在結婚儀式上，雙手必須全程交握，維持在與肩齊高的高度。從正面看新娘，大寬袖剛好遮住新娘一半的身體，因此，才在袖口處施以絢麗的刺繡圖案。袖口遮住的禮服前身刺繡較為簡潔，並以後身的刺繡進一步展現豔冠群芳的氣勢。

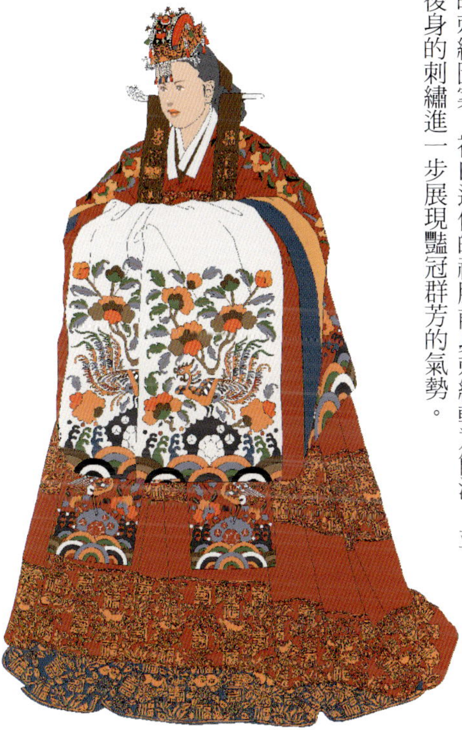

朝鮮王朝的美麗新娘！

●花冠

身穿闊衣時，頭上最常搭配的就是花冠。以金箔做出花朵造型，加上翡翠、琥珀、珍珠、玉等寶石裝飾。

●庶民穿著的闊衣

闊衣是公主與兩班（朝鮮王朝的貴族階級）女兒穿的大禮服。到了朝鮮王朝中期，允許一般平民百姓的女兒也能在結婚時穿著。衣身部分以紅色為基調，紅色在陰陽五行帶有吉祥的意義，可以去除邪氣，是婚禮服最常用的色調。紅色袖口加上藍色與黃色條紋，也有驅邪除厄的意思。此外，後身的刺繡比前身華麗。新娘在整個婚禮儀式期間，雙手必須抬至肩膀高度，剛好遮住禮服前身。由於這個緣故，才會利用後身刺繡表現華美風格。

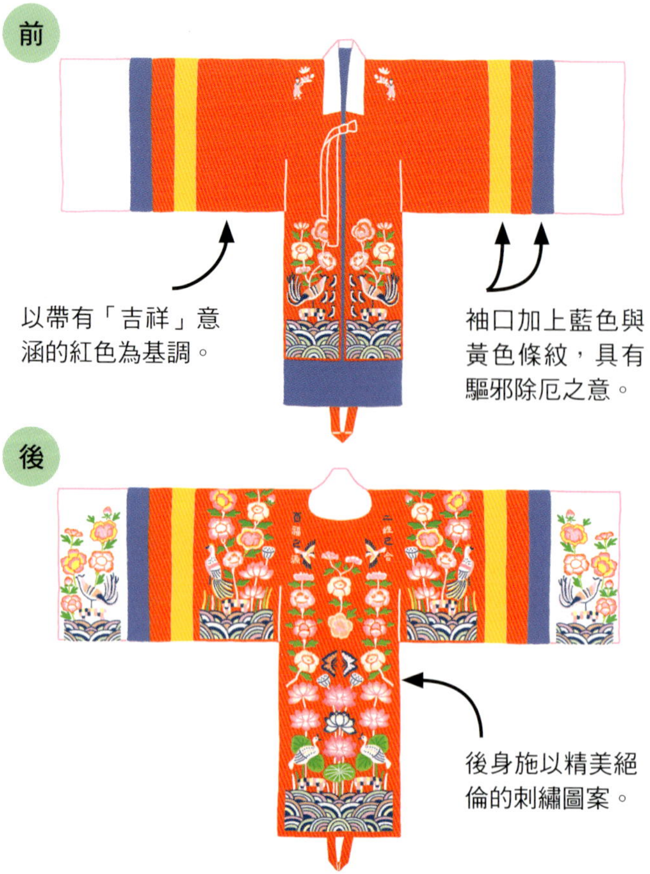
前
以帶有「吉祥」意涵的紅色為基調。
袖口加上藍色與黃色條紋，具有驅邪除厄之意。
後
後身施以精美絕倫的刺繡圖案。

唐衣

王族女性的小禮服稱為唐衣。雖為禮服，但在經常舉辦宴席與儀式的宮中，唐衣算是日常服裝。顏色不一，常見的是黃綠色、紫紅色與黃色等，王族女性最愛的是稱為軟豆唐衣的黃綠色唐衣。唐衣的特色是側邊有一條縫，前後衣身較長。比一般赤古里短上衣長八十公分。

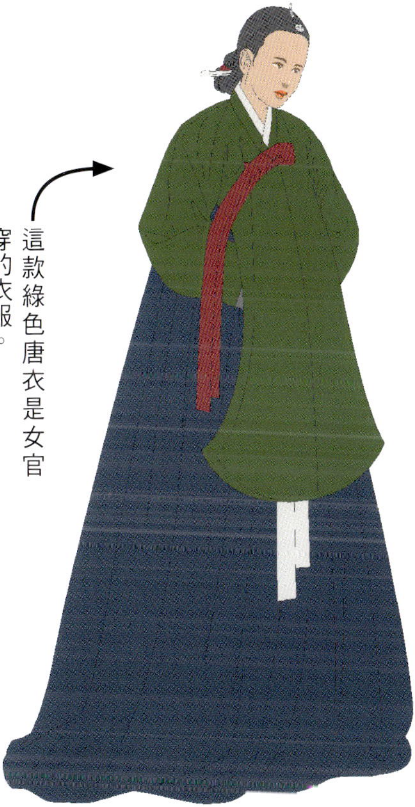

這款綠色唐衣是女官穿的衣服。

遮住雙手

將雙手放入垂在前身的前掛中，對地位較高的人表達敬意。在儒教觀念裡，讓對方看到自己的雙手是失禮的行為之一。

處女服

上流階級未婚女性穿著的服裝，以黃色赤古里搭配紅色高腰長裙為特色。電視劇《公主的男人》劇中人物李世伶（懿寧公主）經常穿著這樣的服裝。頭髮綁在後面，編成一條長長的辮子。

夫人服

這是上流家庭的夫人最常穿的日常服裝，裙襬又蓬又長。最經典的搭配是黃色赤古里與藍色高腰長裙。整體造型較方便活動。

長衣

這原本是男性的日常服裝，後來逐漸普及於女性族群間，適合外出時穿著。以長衣蓋住頭部，避免別人看到自己的樣子。

庶民服裝

一般女性穿的衣服較為樸素。不同時代有不同規定，但基本上禁止穿著黃色、紫色與紅色。白色赤古里搭配白色高腰長裙是最常見的造型。

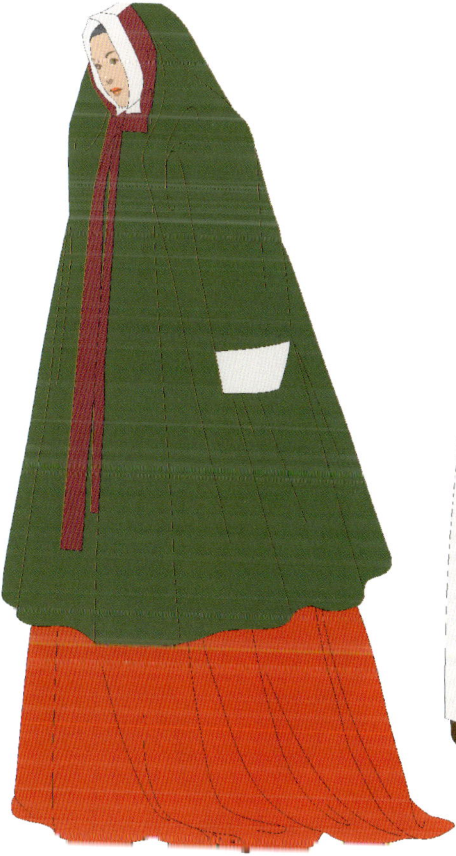

●韓服的穿法

穿著韓服時，需依襯裙→襯衣→高腰長裙→赤古里（短上衣）的順序穿上。

①穿襯裙。裡面再穿一件襯褲。

②穿襯衣。

③襯衣背面的穿法。

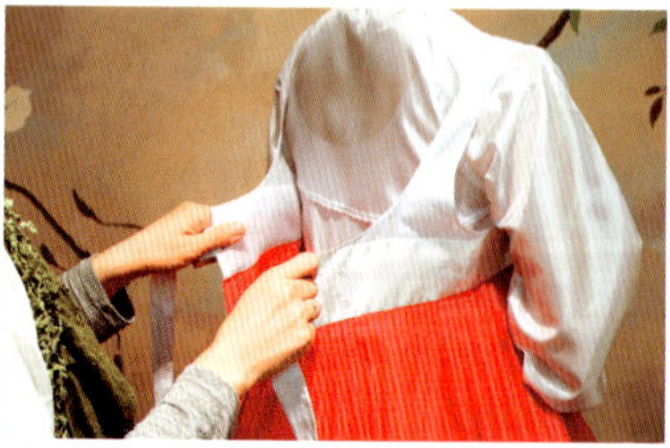

④穿上高腰長裙，開始打結。

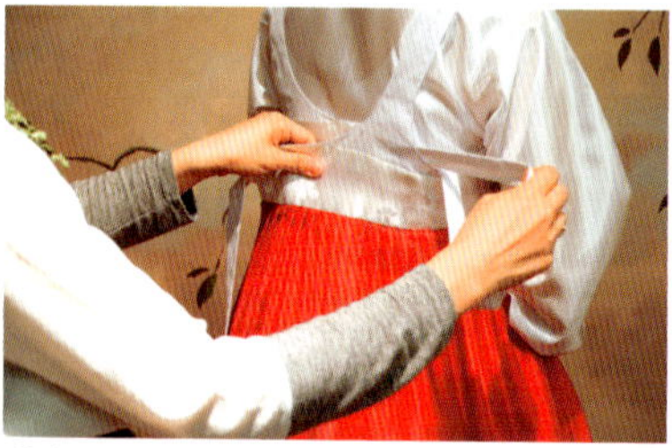

⑤繩子在背後交叉。

⑥繞到前面。

⑦在前方綁起固定。

在韓國都是這樣穿韓服的

⑧高腰長裙穿好後從正面看的模樣。

⑨高腰長裙穿好後從背面看的模樣。

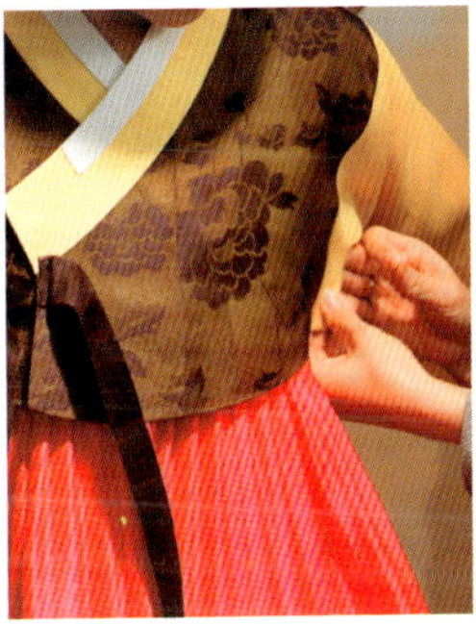

⑩穿上赤古里。

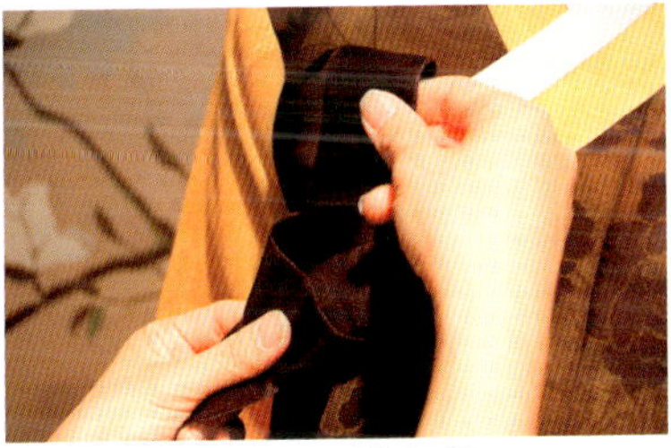

⑪上衣的帶子在側邊打結。

⑫打一個橫向的單蝴蝶結。

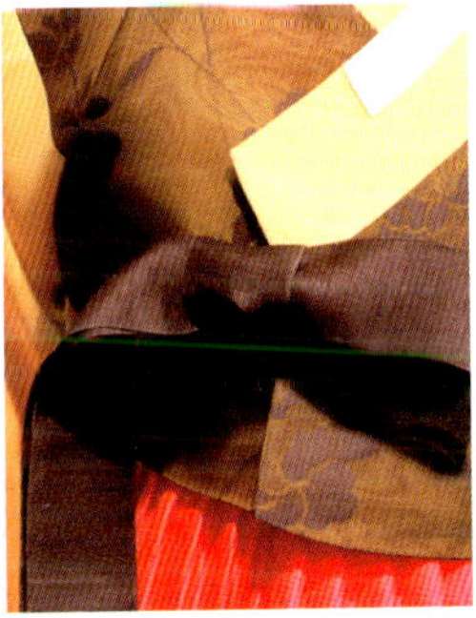

⑬綁好的模樣。

⑭大功告成！

⑮背後的模樣。

補

點綴在衣服胸口、肩膀與背部的圓形刺繡稱為補，只有王族服裝能使用。君主通常使用龍形圖案的補，王妃則是龍或鳳凰圖案。公主衣服上的補以花朵圖案居多。

背部的補，花朵圖案令人印象深刻。

胸口的補，繡著美麗的花朵。

織入吉祥文字的赤古里

電視劇《公主的男人》中，懿寧公主穿的唐衣令人印象深刻，因為上面綴滿了「壽」、「福」等文字。利用金線巧妙織入吉祥文字，祈願穿著的人獲得幸福。

金線織入的文字十分鮮豔

清晰可見的「福」字

單襴裙與雙襴裙

單襴裙指的是有一條金色飾帶的長裙，無論是半正式或正式禮服都有這類設計，可說是高貴女性不可或缺的衣裳裝飾。顧名思義，雙襴裙就是有兩條飾帶的長裙。半正式禮服大多指定穿著「藍色雙襴裙」。此外，最高級的禮服則是同時穿上藍色與紅色單襴裙（有金色飾帶的長裙）。

金色飾帶的數量
其來有自！

有一條金色飾帶的單襴裙

有兩條金色飾帶的雙襴裙

女性飾品

全都是
韓國宮廷劇
最常出現的飾品！

流蘇腰配

綁在赤古里衣帶上的飾品，使用金、銀、翡翠、珊瑚裝飾。

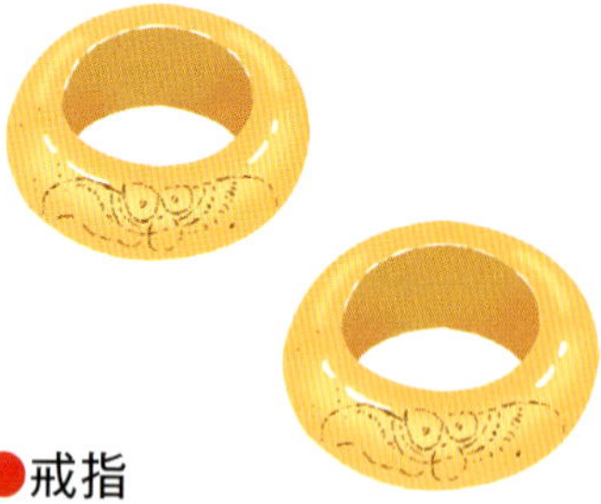

戒指

單身女性佩戴單戒，已婚女性佩戴雙戒。兩個戒指代表雙姓合一，象徵結為夫妻的牽絆。

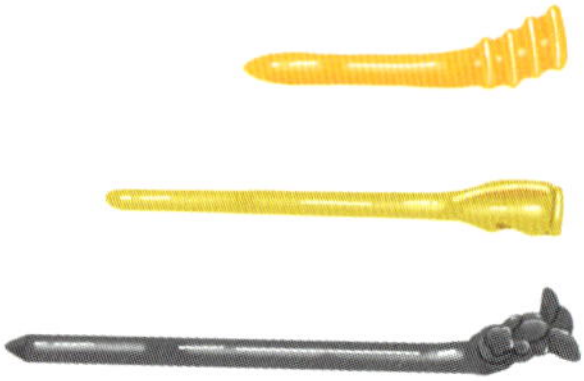

髮簪

已婚女性使用的飾品，將頭髮盤好後橫插在中央固定。

夾囊

小巧的圓形束口袋，王室女性用來放昂貴香料，做成香囊。

玉板

意指在圓形或蝴蝶造型底座裝飾華麗飾品的髮飾。

朝鮮王朝時代女性的髮型

女性依身分和立場梳理不同髮型，韓文中各種髮型的名稱結尾皆為「머리」，指的是「頭」、「髮」的意思。

●舉頭美

先戴上假鬟，再加上舉頭美的髮型。舉頭美指的是表面經過雕刻並塗上黑漆的木製假髮，讓髮型看起來像翅膀一樣大。此外，也是為了讓木頭看起來像真髮才會漆成黑色。宮中舉辦大型儀式的時候，王族女性與兩班的夫人都會梳這個髮型。

●於由味（어여머리）

王族女性、兩班夫人、高級女官最常梳這個頭，戴上「加髢」（假髮）即可完成造型。此髮型的加髢以真髮製作，編成長辮子後盤成圓形，通常地位愈高的女性，假鬟做得愈大。此外，梳這個髮型時一定會插上名為「玉板」的華麗髮簪。

地位愈高的女性 髮型就要愈大

●貼髢

這是一般女性的髮型，頭髮分線處不裝飾疊紙，在後方髮髻插上髮簪。兩班夫人前往王宮朝見時要戴上疊紙，但平常在家時只綁這個簡單的低髮髻。

●疊紙貼髢

宮中女性的髮型，最大特色就是在頭髮分線處戴上疊紙裝飾。疊紙材質與造型依身分地位不同，王妃使用華麗的鳳凰疊紙，高級女官配戴青蛙造型疊紙。此外，後方髮髻插上髮簪固定。

●妓生髮型

韓國宮廷劇《黃真伊》、《公主的男人》中出現的妓生就是梳這個髮型。妓生是在宴席上提供歌舞表演的藝妓，衣著與髮型走華麗路線。使用大量加髢假髮與飾品梳理的髮型，與一般女性明顯不同，充分展現豔麗風格。

●高盤髮

將頭髮編成長辮子，再往上盤起的髮型。世家夫人在家時通常會梳高盤髮。這個髮型看起來髮量很多又厚重，通常不插髮簪，展現素雅氣質。

年輕女孩在髮尾綁上唐織

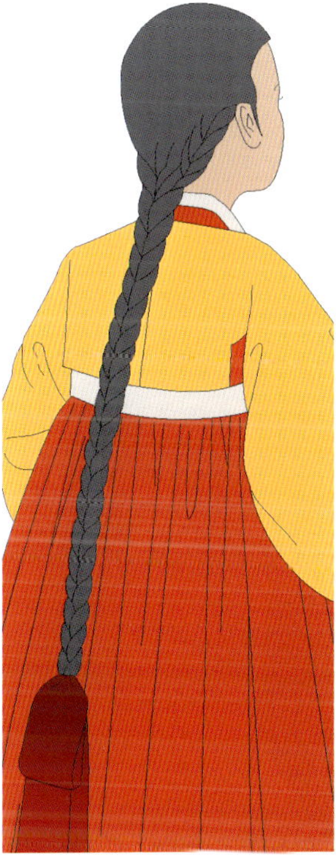

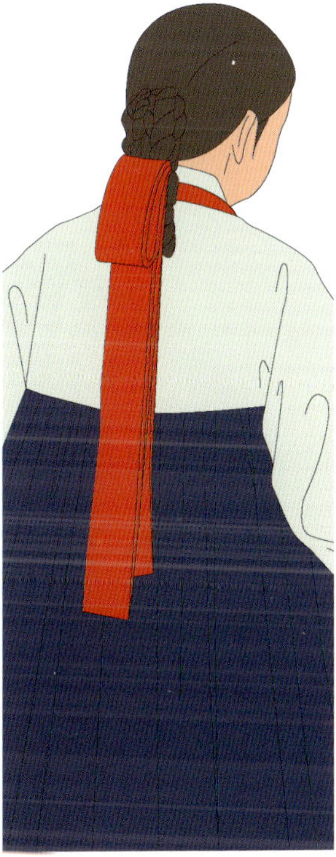

●唐織辮

未婚女性的髮型，將頭髮束起在背後綁一條長長的辮子，並在髮尾綁上紫紅色唐織（髮帶），因此稱為唐織辮。梳唐織辮的女子一定會搭配黃色赤古里與紅色高腰長裙。簡單來說，只要看髮型穿著就知道誰是未婚女性。

●絲楊髻

年輕女性穿著正式服裝時一定會梳這個頭，將頭髮聚攏在後方，再綁上一條寬緞帶。在宮中工作的女性從小進入宮廷學習，出師後就可以梳絲楊髻，由於這個緣故，十幾歲的年輕女孩迫不及待想綁這個髮型。

朝鮮王朝時代的男性衣著

九章服

國王的即位典禮、與王妃的結婚大典、出席國家祭祀典儀時穿著的衣服稱為祭服，祭服中規格最高的大禮服是九章服。九章服的特色是在黑布繡上九種紋章，上衣五種（龍、山、火、宗彝〔宗廟用來祭祀的杯子〕、華蟲），裳（下身的前片）四種（藻、粉米、斧、亞字紋）。

圭

君主身穿九章服時，雙手拿著以青玉（藍寶石）打造的圭（笏板）。

冕旒冠

這是君主在即位典禮上戴的冠。從形狀來看，這是由一塊平坦的平天板加上戴在頭上的帽子結合而成。平天板的外側為黑色的，裡面是紅色。冕旒冠最大的特色是垂在前方與後方的旒（玉串飾品）。中國古代的周朝就有冕旒冠，根據周朝制度，天子戴十二旒、諸侯戴九旒的冕旒冠。朝鮮王朝沿襲周朝制度，旒的數量分為十二與九。旒是用青、紅、黃、黑、白五色玉珠串成，以九旒為例，使用的玉珠多達一百六十二顆。

十二旒的冕旒冠

九旒的冕旒冠

衮龍袍

君主平日穿的服裝稱為常服。韓國宮廷劇中出現的王，最常穿著的就是常服。王執行政務時穿的衣服稱為衮龍袍，衮龍袍是以大紅色布料做的衣服，再繫上一條用玉做成的帶子（玉帶）。玉帶上雕著鏤空龍紋，走路時穿上木靴（以鹿皮做的黑色靴子）。王的衮龍袍上縫著搶眼的金色龍形刺繡，分別裝飾在雙肩、胸口與背上，此圓形刺繡稱為補。在直徑十八公分的圓布繡上圖案，接著縫在衮龍袍各部位。雙肩、胸口與背上共四枚補為一組。

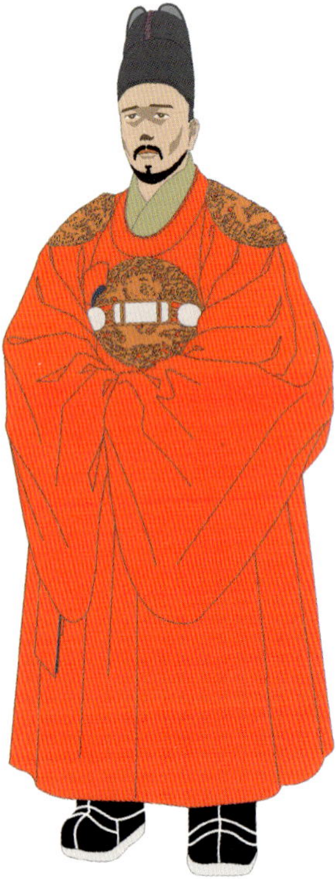

世子穿的衮龍袍上的補（圓形刺繡）比王小。

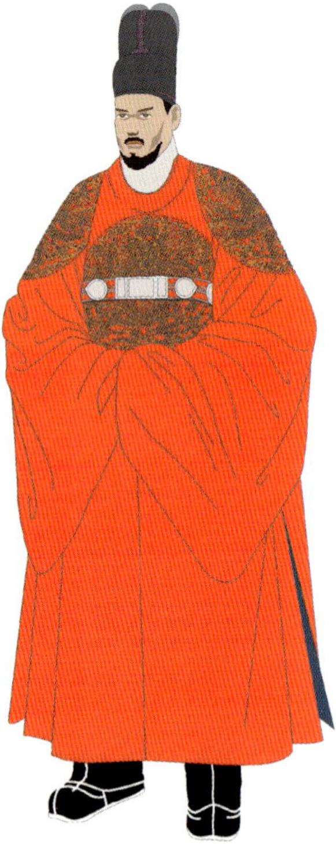

大紅色衮龍袍

●深衣

深衣是儒家學者的袍服，最早是高麗王朝時代從中國傳入的衣服。袖子很寬，頭上戴著由黑布做成的單層幅巾。

●團領

官吏在宮中工作時穿的衣服稱為團領，不同階級有不同顏色。例如正一品到正三品的衣服為紅色，從三品到從六品的衣服為青色，以下品級的衣服為綠色。

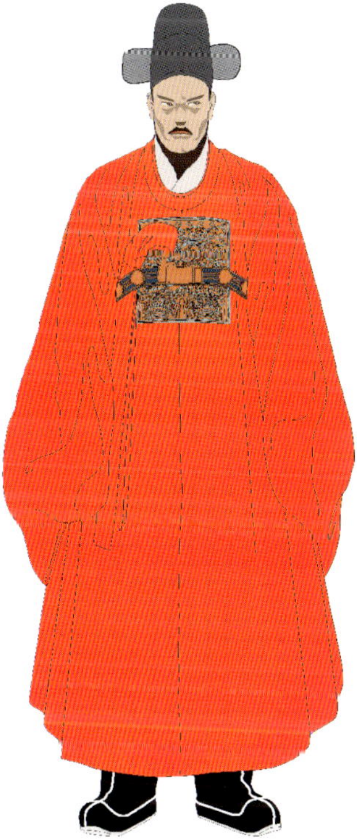

軍服

整體而言，武官穿的軍服以黑色為基調，胸口、背部和雙肩則有龍形紋樣點綴。武官手中還會拿著一根棍棒。

中致莫

朝鮮王朝時代後期，普及於高官到庶民各階層的外出服。各時代流行的顏色不同，主要以水色、白色、青色與藍色為主。

鞋子種類

●唐鞋

這是王族女性與兩班夫人最常穿的鞋子，穿脫十分方便。通常以動物皮革或絲綢織物製成。

●木靴

王與朝廷高官出席正式場合穿著的鞋子。鞋筒很高，像靴子一樣。通常以鹿等動物皮革製成。

●草鞋

庶民百姓穿的鞋子，以稻草製成。

●麻鞋

以麻製成的鞋子，通風性佳，穿起來很涼爽。

●花鞋（唐鞋的一種）

施以刺繡圖案的鞋子，通常以花朵刺繡為主，因此稱為花鞋。多為年輕女孩穿著。

●木屐

與日式木屐一樣底部有兩塊木條的木製鞋子。

宮　廷　料　理

到首爾旅遊可以造訪專賣宮廷料理的餐廳，品嘗朝鮮王朝時代王族吃的精緻料理。不僅口味絕佳，還能想像自己就是朝鮮王朝的君主或王妃，備感尊榮。

最具代表性的料理

神仙爐

食材包括牛肉、魚、香菇、白蘿蔔、松子、核桃、銀杏等，鍋子中間有一個像煙囪的筒狀物，將蔬菜、牛肉、魚片等食材整齊排列在鍋中，倒入熱湯，邊煮邊吃。

把盤子裡的食材放入鍋中。

食材整齊排列在鍋中，繽紛的色彩十分誘人。

雜菜

拌勻調理過的蔬菜即可食用，營養十足。

九節板

將調理過的蔬菜、肉分別放在小格裡，接著以薄薄的煎餅捲起食用。食材的口感很好，十分美味。

甜點

於現代重現朝鮮王朝王妃最愛吃的甜點。

將食材放入分成八小格的容器裡。

王真的吃得下這麼多料理嗎？

●這些是家喻戶曉的「李祘」吃的料理

第二十二代君主，正祖的母親惠慶宮於一七九五年喜迎六十大壽。上方照片重現了壽宴上正祖吃的膳食。相傳正祖食量很小，幾乎不太動手夾菜……。

王的餐桌

君主進膳時使用大圓盤、小圓盤、大角盤、小角盤盛裝料理，依序講解盤子裡的菜色。

【大圓盤】
君主的正前方擺放著大圓盤，裡面是君主吃的料理。

❶飯
❷湯
❸清醬（薄口醬油）
❹醋醬（醋醬油）
❺醋辣醬（醋辣味味噌）
❻丟食物渣的小碗
❼十二道料理
❽❾燉菜湯
❿泡菜（蘿蔔塊泡菜）
⓫白菜泡菜
⓬湯泡菜

【小圓盤】
大圓盤旁放著小圓盤，裡面放著預備的料理與飯後飲料。

⓭紅豆飯
⓮湯
⓯鍋巴水
⓰蓋子

【大角盤】
主要放火鍋的食材。

【小角盤】
擺放餐具和餐巾等用品。

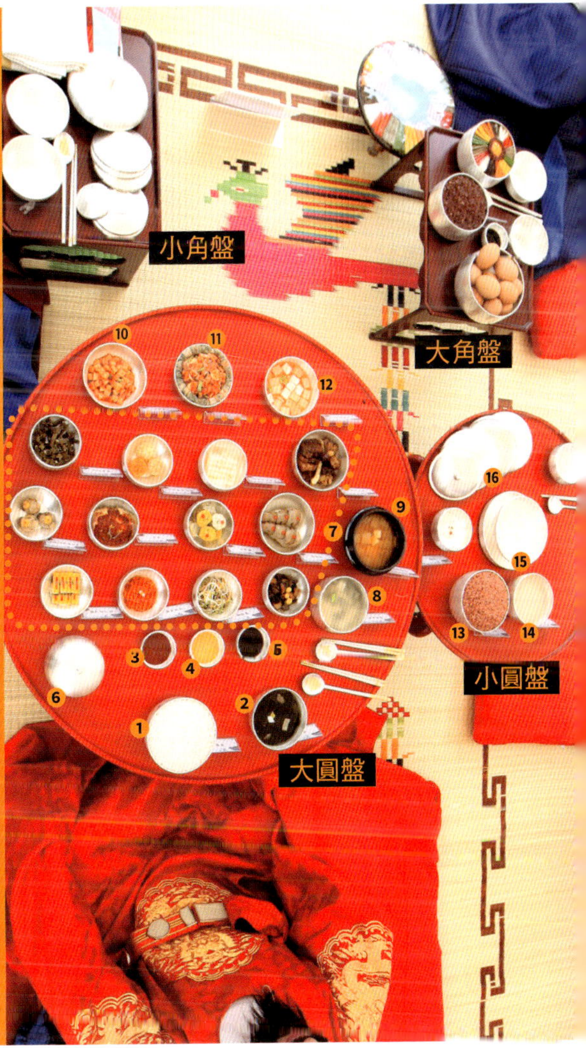

上流階級的貴族平時吃什麼？

兩班的飲食

這張照片重現第十九代君主肅宗（在位期間一六七四～一七二〇年）時代兩班階級的日常料理，包括神仙爐與九節版（以盤子裝盛）等料理。除了泡菜與湯之外，按照禮儀規制，兩班每餐吃的菜不可超過九盤。

兩班宅邸的庭院放著一堆甕

韓國各地還留存著朝鮮王朝時代兩班居住的宅邸，庭院裡放著一堆甕的情景如今依舊可見，讓人充分感受往日風情。

準備豐盛料理

祭拜祖先！

重現朝鮮王朝時代的傳統祭祀料理

這些料理是以前祖先在世時吃的菜色，製作得十分精緻。祭祀結束後，所有參拜者一起分享這些料理。

堆得高高的糯米餅和點心

祭典儀式中，通常會將糯米餅和點心堆得像山一樣高，展現豪華豐盛的料理陣容。

王與王妃的居所

王與王妃平時生活的地方稱為寢殿。以景福宮為例，王的寢殿為康寧殿、王妃的寢殿為交泰殿。

王的寢殿康寧殿

康寧殿

每天忙於政務的朝鮮君主最常在康寧殿休息，這裡是君主休息與讀書的地方，有時也會在此密會親信大臣。康寧殿共有九個房間，呈「井」字形排列，包括君主專用的房間，與當值僕役的休息室。康寧殿可說是最能讓君主放鬆的地方。

房間的內部裝潢十分氣派。

這裡或許曾是君主讀書的地方？

「康寧」這兩個字給人安適放鬆的感覺。

王妃的寢殿交泰殿

交泰殿

由於王妃無論在哪個王宮都住在最中間的宮殿，因此朝鮮王朝將王妃稱為中殿或中宮。交泰殿也是在景福宮的中央，王妃每天在此生活，誕下皇嗣後專心養育小孩。

每間房都給人安靜祥和的感覺。

不禁好奇這裡究竟曾過著什麼樣的生活？

牆面與窗戶的設計充滿時尚感。

兩班與庶民居家

電視劇《公主的男人》曾在這座兩班宅邸取景拍攝。

如今安東市還留下許多兩班宅邸。

兩班宅邸

兩班宅邸分成男性與女性的居住空間。從大門進入，男性居住的房間在前方，女性居住的房間在後方。

庶民的家

一般百姓住的房子屋頂是茅草蓋的，裡面狹小昏暗。不過，大多數民家都裝設了傳統地暖系統溫突，冬天利用廚房產生的熱氣發揮地暖氣的功效。

茅草屋頂加土牆是一般民宅最常見的形式。

如今只能到韓國各地的民俗村才能欣賞朝鮮王朝時代的民家景緻。

看韓國宮廷劇十倍樂趣！

朝鮮王朝的衣食住解謎

康熙奉——著

游韻馨——譯

韓流ドラマが10倍楽しめる朝鮮王朝の衣食住

序

韓國宮廷劇有許多引人入勝的地方，不只是扮演英雄或王族女性的明星演員展現出色演技，主角們克服重重難關逐漸成長、高潮迭起的精采劇情，還有生動華麗的細緻影像、考證講究的歷史場景……不僅如此，最令觀眾沉迷神往的還包括華麗的服裝、極盡奢華的宮廷料理。此外，王族與兩班的生活樣貌態也讓人想一探究竟。

話說回來，我們看韓劇時，經常對劇中出現的服裝、料理和居住的地方產生許多疑問。

例如當看到王妃登場，就會在內心猜想王妃穿著的服裝會因儀式或慶典有何不同？官僚穿的衣服顏色因身分有何不同？為什麼君主吃飯時，桌上放滿吃不完的料理？相信各位欣賞韓劇時，一定經常浮現這類問題。

雖然日本與韓國如此接近（編註：本書原著為日文），但日本人看到韓國的歷史傳統與習慣仍有不了解的地方。

令我不禁惋惜，如果能更了解韓國的歷史與傳統，看韓國宮廷劇一定會覺得更有趣。

相信一定也有很多人跟我有一樣的想法，而且經常這麼想。

有鑑於此，本書以朝鮮王朝時代為主，圖文並茂、淺顯易懂地介紹當時的衣食住等相關事項。

同時設想韓國宮廷劇經常出現的橋段，介紹當時的服裝、料理和居所。

只要記住本書內容，就會明白王與王妃會在什麼場合下替換不同服裝，更能理解君主吃的料理如何演進。

如此，更能幫助你融入韓國宮廷劇的劇情。

衷心希望本書能幫助各位讀者了解韓國宮廷劇描寫的歷史傳統和風俗習慣，這是身為作者最大的榮幸。

康　熙奉

目錄

第1章

朝鮮王朝時代的華麗服裝

宛如公主的感覺

經常出現在宮廷劇中的朝鮮王朝時代傳統服裝，可說是充分襯托女性之美的服裝造型。

一、王室女性穿什麼衣服？

朝鮮王朝時代對宮中服裝的規定相當嚴格，每個人都要因應身分穿著適合的衣服。從王、王室女性、官吏到女官，各階級都有固定的設計與顏色。關於服裝的規定則是沿襲中國大陸明朝的制度。

當時的朝鮮王朝只要新王登基，明朝皇帝就會送一套王的服裝。由於那套服裝不足以因應實際需求，因此朝鮮王朝以明朝服裝為基礎，製作相同款式的衣服。

官吏服裝也同樣承襲明朝樣式，而且嚴格遵守明朝禮制，如有任何不清楚的地方，朝鮮王朝還會派人向明朝請教。

隨著明朝滅亡，中國改制清朝後，朝鮮王朝不再從清朝收受服裝。即使如此，朝鮮王朝依舊遵守以明朝禮制製作服裝的規定直至滅亡。不過，這其中還是有例外。

接下來，就從王妃的禮服依序了解朝鮮王朝的宮中服裝吧！

●翟衣

看韓國宮廷劇時，最令人印象深刻的就是王妃在婚禮上穿著的禮服。王妃的婚禮服稱為翟衣，是規格最高的禮服。

其他禮服皆依循明朝款式，唯有翟衣是自行發展出來的。有趣的地方在於其顏色的演變。高麗時代的底色為青色，朝鮮王朝中期為紅色，晚期則變成藍色。

翟衣是由最高級的絲綢織入大量金線製成，所費不貲。後來受到財政窘迫影響進行改良，才出現設計上的演變。

第二十一代君主英祖在位時，翟衣制度最為完備，從英祖所言「不再從清國進口製作翟衣的高級布料，應改用國內產的絲綢織物」即可得知，改良翟衣是樽節開支的經濟政策之一。從翟衣可以看出英祖仁民愛物的態度，令人感慨萬千。

此外，描寫英祖時代的連續劇《同伊》、《李祘》中，王妃身穿紅色翟衣。翟衣款式十分貼近史實。不過，對劇組的製作人來說，該選用哪種款式的翟衣想必也讓劇組煩惱了許久。關於朝鮮王朝中期的紅色翟衣與晚期的藍色翟衣款式，請參考卷首第二～三頁的圖片。

●圓衫

圓衫是包括王妃在內，所有王室女性穿著的大禮服。

寬袖是圓衫的特色，袖口處再加上白色接袖。白色接袖以金線繡上圖案裝飾。

顏色與紋樣依身分各有

可梳理的髮型相當多，但通常會戴上塗了黑漆的木製假髻，做出像翅膀一樣大的髮型（名為舉頭美）。

此款圓衫的裙襬造型十分簡潔。

顏色為紅色。

王妃穿的圓衫

不同，大致可分成三種：

王妃為大紅色的紅圓衫；世子妃（太子的正室）與側室為紫紅色的紫紅圓衫；公主、大臣夫人與女官則是草綠色的綠圓衫。卷首第四頁有紅圓衫的介紹。

華麗的金箔與金織圖案十分搶眼，不過，大臣夫人與女官禁止使用金色紋樣。她們出席宮中儀式時，必須穿沒有金色紋樣的素面綠圓衫。外人可從金色紋樣判斷該位女性是否為王族成員，分辨方式十分簡單。

話說回來，連續劇有時會依劇中人物的設定大膽設計服裝造型。例如《同伊》中的同伊穿著粉紅色圓衫，張禧嬪穿著藍色圓衫等等。因此，如果看韓劇發現不對勁，只要記住「出席宮中儀式穿著的白色大筒袖禮服就是圓衫」。

●闊衣

公主穿著的大禮服名為闊衣，也是宮中女性禮服中最華麗的衣裳之一。事實上，不只是公主，兩班階級的女兒出嫁時也會穿著闊衣。

原本只允許宮中和兩班階級的女性穿著闊衣，但進入朝鮮王朝中期以後，一般百姓的婚禮也能穿闊衣。闊衣深入民間有其歷史因素。韓劇《公主的男人》有一段公主結婚的劇情，描寫公主嫁入兩班家時，穿著闊衣作為婚禮服。華麗的闊衣瞬間成為「當時未婚女性最想穿的新娘禮服」，於是普及於兩班與庶民階級。

大紅色絲綢布料上的華麗刺繡是闊衣最令人驚豔的設計，繡上鶴與松等圖案，表達長壽、吉福之意。背面再繡上「二姓之合（合二姓之好）」、「萬福之源」等文字。這些文字會被垂在身後的華麗緞帶遮住，一般人看不見，但衣身上到處都有蘊含吉福之意的刺繡紋樣。

請參考卷首第五～六頁的闊衣說明。

●唐衣

唐衣是韓國宮廷劇最常見的服裝，無論王族女性、大臣夫人或高位女官都會穿。顏色選擇很多，包括黃綠色、紫紅色、黃色等，但最受女性歡迎的是黃綠色唐衣，稱為軟豆唐衣。詳見卷首第七頁的介紹。

此外，由於唐衣一年四季皆可穿，因此使用不同材質製作。冬天穿較厚的緞子，夏季則穿以較薄的紗縫製的唐衣。只有最熱的盛夏季節，才會穿透氣性佳的薄絹白色唐衣。

唐衣最大的特色是前後身都有長垂片。長垂片看起來很像前掛，不過比一般當上衣穿的赤古里還長八十公分。按照宮中禮制，女性穿

女官的赤古里（上衣）以綠色為主。
將雙手藏在前身的長垂片才合乎禮節。
高腰長裙的顏色有嚴格規定，王妃穿紫紅色，王妃以外的王室女性穿紅色，女官則為藍色。

女官穿的唐衣

著唐衣時必須將雙手放入前身垂片遮住。

唐衣不論身分都有白色接袖設計，可說是圓衫的小型版。

王族女性穿的唐衣，會在胸口、背部與雙肩縫上補。補指的是圓形刺繡。王妃繡龍紋或鳳凰紋，公主使用花朵紋樣（請參照卷首第十二頁）。韓劇《公主的男人》中，敬惠公主穿的唐衣就有繡著花朵圖案的補。

二、宮中女性穿戴的飾品配件

妝點在宮中女性身上的各種飾品配件是讓華麗衣裳更顯出色的要角。接下來就來欣賞最具代表性的精美配件。（請參照卷首第十四頁）

●流蘇腰配

韓劇《公主的男人》第一集中，敬惠公主將自己的服裝和配件借給李世姈，讓她代替自己去上課。當時敬惠公主也將流蘇腰配一起交給李世妗。

不過，李世妗與金承俞見面時不小心掉了流蘇腰配，於是金承俞還特地將流蘇腰配還給敬惠公主。在故事剛開始的時候，流蘇腰配可說是十分重要的小道具。

流蘇腰配是朝鮮王朝時代的代表飾品，通常綁在高腰長裙的腰帶或赤古里的帶子上，垂在身前。從宮中到庶民女性都喜歡配戴流蘇腰配。話說回來，流蘇腰配起源於高麗時代的女性掛在腰間的小香囊。到了朝鮮王朝時代，工藝技術發達，也提升了裝飾性。

流蘇腰配通常點綴金銀等貴金屬，也會鑲上翡翠、珊瑚、琥珀等寶石。長長的流蘇設計十分優美。

此外，平常配戴流蘇腰配可當護身符，也可放入香料或用來裝小東西，用途相當廣泛。

●髮飾

・髮簪

髮簪是一種將頭髮挽在後腦勺的用具，以金、銀、玉製成。

髮簪前端的裝飾是設計重點，通常採用具有富貴或多男等吉祥含意的圖案。舉例來說，竹子代表貞節，帶有「固守」之意。有竹葉裝飾的髮簪最適合出席儀式時配戴。

此外，設計主題也須符合禮制規格。點綴龍的龍簪與鳳凰主題的鳳簪只有王妃或世子妃穿著禮服時才能配戴，一般女性只限婚禮時才能以髮簪搭配婚禮服。

・玉板（步搖簪）

主要指的是在圓形底座裝飾華麗飾品的髮簪。通常梳理於由味髮型（將頭髮編成一個長辮子，盤繞在頭上，請參照卷首第十五頁）時，會在頭髮的左右與中央各插上一只玉板。

通常玉板上會有隨著動作搖動的飾品。將銀線繞成彈簧狀，上面裝飾小蝴蝶或小鳥，頭一動蝴蝶與小鳥就會跟著搖動，讓人充滿活力。有的玉板裝上小鈴鐺，每次搖動就會發出鈴聲。原文「떨잠」指的是「會搖動的髮簪」。

・疊紙

類似髮帶的髮簪飾品。帶子部分使用長假髮製成，看起來像是自己的頭髮。頭頂有一個小飾品（疊紙／請參照卷首第十六頁），通常只有宮中和兩班女性可以配戴。

疊紙在宮中是展現身分地位的飾品，設計上有嚴格規定。王妃可用龍、側室使用鳳凰、尚宮（地位較高的女官）則是青蛙。與其說疊紙是飾品，以代表身分的物品來形容更為貼切。

朝鮮王朝時代後期，第二十一代君主英祖頒布《加髢禁止令》，禁止婦女使用昂貴假髮，於是宮中開始流行起將頭髮挽在後方的清爽髮型。由於這個緣故，宮中女性漸漸捨棄華麗的髮簪，改戴簡單的疊紙。

・唐織

綁在辮子尾端的髮帶。韓國宮廷劇經常可見未婚女性在長辮子尾端繫上唐織，此時使用的是紅色唐織，唐織前端設計成燕子喙的模樣。

不只女性，未婚男性也會綁唐織。男性通常使用黑色唐織。女性使用的唐織通常施以華麗的金箔裝飾，男性唐織是黑色素面款式。

戒指

戒指的起源可回溯至朝鮮半島三國時代，當時的工藝技術十分發達，金銀飾品相當普及。其中以新羅戒指的藝術評價最高，也是三國中最流行戒指的國家。

進入朝鮮王朝時代後，以兩個戒指成對配戴的雙指環形式最受歡迎。雙指環象徵「兩個不同姓的家庭結成親家」、「夫妻白頭偕老」等意涵，深受已婚女性的喜愛。單身女性不戴雙指環，而是戴單指環。單指環的韓文是「반지」（半指），主要材質為金、銀或銅，再加上圖案設計。

囊

囊就是束口袋的意思。朝鮮王朝時代的衣服沒有口袋，以束口袋擺放隨身物品。囊原本是實用品，後來變成裝飾品。尺寸最小的圓形束口袋稱為夾囊，繡上帶有吉祥或避邪意涵的刺繡圖案。也有人在夾囊裡放香料，做成香囊。

此外，穿禮服時也會搭配夾囊。大禮服搭配的是縫滿珍珠的珍珠夾囊，以大紅色布料製成夾囊，再點綴大量珍珠。不過，基本上夾囊要藏在禮服下，絕對不可露出來。

總而言之，夾囊與禮服用的流蘇腰配不同，不能讓別人看見。流蘇腰配是要讓別人欣賞的飾品，夾囊是自己欣賞的低調時尚。

三、王的服裝就是要隆重華麗

君主需依用途準備多套服裝。以最具代表性的時間、地點、場合為例，可分成祭典用的服裝、臣下謁見君主時穿的服裝與親臨政事的服裝等三大類。

●祭服

祭服是君主執行國家例行公事時穿的衣服，其中規格最高的是九章服（請參照卷首第十八~十九頁）。

顧名思義，九章服繡著九種紋章。上衣是龍、山、火、宗彝（宗廟用來祭祀的杯子）、華蟲等五種紋，裳（下身的前片）繡著四種紋（藻、粉米、斧、亞字紋）。每種紋都有其意義，山是平定敵人之意，火是耀眼的明德，宗彝展現考的精神，華蟲與藻表現華麗，粉米指的是為民奉獻之心、斧是決斷力、亞則是鼓勵臣民抱持忠誠之心的意思。由此可見，紋章圖案蘊含著君主治理國家的態度，祈願萬民幸福的心意。

君主穿著九章服，雙手拿青玉（藍寶石）打造的圭（笏板，天子與高官手裡拿著的板子）。舉凡即位典禮、結婚大典與國家祭典，君主都要以此姿態親臨儀式。

●朝服

比祭服低一級的禮服是朝服。君主頒布詔書、元旦的早晨接受臣下謁見時穿的朝服稱為絳紗袍。

絳紗袍的特色

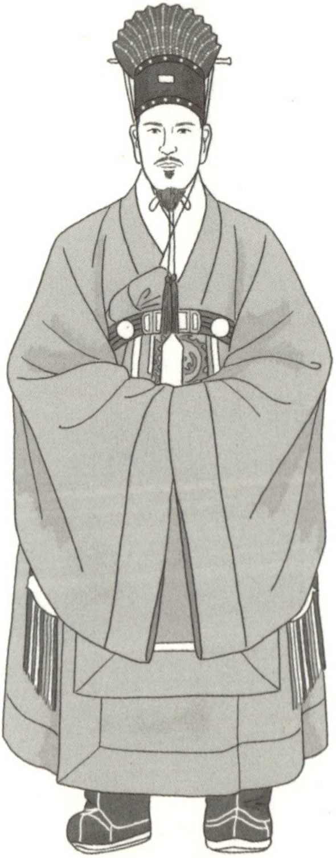

王穿的朝服

是大紅色為底，衣身上沒有紋章裝飾。比起偶爾才穿一次的九章服（執行國家例行公事時穿的衣服），絳紗袍的穿著頻率高出許多。

●常服

君主最常穿的衣服就是常服。欣賞韓國宮廷劇也會看到君主身穿常服與大臣往來，或與王室女性見面的場景。

君主執行政務時穿的衣服有一個特殊名稱，稱為袞龍袍（請參照卷首第二十頁）。袞龍袍衣身上的金色圓形刺繡十分搶眼，此圓形刺繡稱為補，裝飾在雙肩、胸口與背部。龍具有變化自如的能力，是象徵吉祥的紋樣。充滿瑞氣的龍展現君主威嚴，亦是身分地位的象徵。龍的腳趾數量也代表穿著者的身分。舉例來說，君主為五趾龍、世子為四趾龍、世孫為三趾龍。此外，王妃的補為鳳凰紋，公主為花紋。由此可見，除了龍之外，補還有許多圖案設計。

四、官僚的服裝顯示品級位階

●團領

在宮中任職的高官重臣也要依時間、地點、場合，穿著得體服裝。與君主的服裝一樣，參加國家祭典要穿祭服，拜見君主要穿朝服。與君主相較，官員出席的場合較多，對於服裝儀容的規範也較複雜。

令人玩味的是，官僚的服裝形式與君主穿的衣服類似，在設計上比君主的衣冠簡單一些，似乎藉此表達臣下遵從君主規範之意。官員在宮中工作時穿的服裝稱為團領（請參照卷首第二十一頁）。

團領的特色在於依品級位階規定衣服的顏色與束帶。接下來先從官職等級開始看起。官員身分依等級而定。等級最高為一品，最低為九品；正位（上階）之外還有從位（下階）。此外，一品到三品稱為堂上官，四品以下稱堂下官。

至於團領的顏色與束帶，正一品到正三品的衣服為紅色，一品束帶為犀牛角，正二品為金鈒花帶，從二品為素金帶，正三品為銀鈒花帶。從三品到從六品的衣服為青色，從三品的束帶與正（從）四品皆為素銀帶，五到六品則為黑角。七品以下的衣服為綠色，搭配黑角束帶。

升官時整套服裝都要換新。

我想花一點篇幅介紹當時官服的小趣事，朝鮮王朝初期有一位很知名的官員，名為徐居正。

徐居正原為三品官員，後來被調到新的部門工作。按照慣例，進入該部門工作官員都會升職，成為二品官員。他也以為自己會升官，於是銜命到外地處理政務。就在他完成任務，平安回都時，拿出事先準備好的金束帶取代之前的銀束帶。途中坐渡船過河時，在對岸迎接他的官員跟他說他已經調職，但進入的官署並非二品等級。於是他又急急忙忙丟掉金束帶，重新繫上銀束帶。

旁邊的人見狀哄堂大笑地說：「大家都說有付出才有收穫，沒想到出巡回來過個河，竟然從金束帶變成銀束帶……」

雖然這句話帶有黑色幽默的感覺，但這個場景實在有些遺憾。正常來說，當銀束帶換成了金束帶，絕對會讓官員感覺自己「又往前邁進了一大步」。由此可見，升官換新衣是一個多令人感慨的改變。

此外，不只是升官換衣服，整理服裝儀容對官員來說也很重要。與地位比自己高的人見面時，一定要先注意自己的服裝是否得體，因此宮中設有方便官員換衣服的地方，稱為改服廳。類似現在的更衣室。對於重視禮節的朝鮮王朝來說，整理服裝儀容是最重要的社會禮儀。

繡著一隻鶴的胸背

●胸背

官員衣服上最具特色的地方就是胸背。

胸背指的是縫在胸口與背部的方形刺繡，與王的補互相輝映。王象徵天，因此補是圓形的，官員代表地，採用方形胸背。

胸背上的刺繡十分華麗，像畫一樣美。胸背不只是裝飾用，還是身分地位的象徵。朝鮮王朝時代頻繁更改胸背的規定，在此介紹最具代表性的規章。從紋章可以看出官員隸屬的部門。文官繡鶴、武官繡虎。虎代表著武人的勇猛，與遵守懲惡鋤奸的道義之意，因此武官的胸背使用虎紋。鶴象徵高傲學者的智慧，因此繡在文官的胸背上。

此外，胸背不只區分文官、武官，也區分官職等級。從虎與鶴的數量即可看出品階。舉例來說，兩隻鶴的胸背稱為「雙鶴胸背」，代表文官的堂上官。堂下官為一隻

朝鮮王朝初期的翼善冠

朝鮮王朝後期的翼善冠

鶴，稱為「單鶴胸背」。武官堂上官的胸背為兩隻虎（雙虎胸背），堂下官為一隻虎（單虎胸背）。

五、宮廷劇常見的冠代表什麼意義？

在朝鮮王朝時代，冠與帽子是代表身分地位最重要的物品。由於這個緣故，身分愈高的人愈在意自己頭上戴的冠帽。

接下來位各位介紹最具代表性的冠與帽子。

紗帽

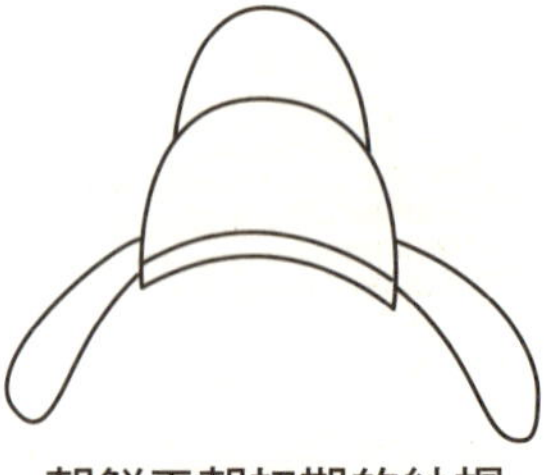

朝鮮王朝初期的紗帽

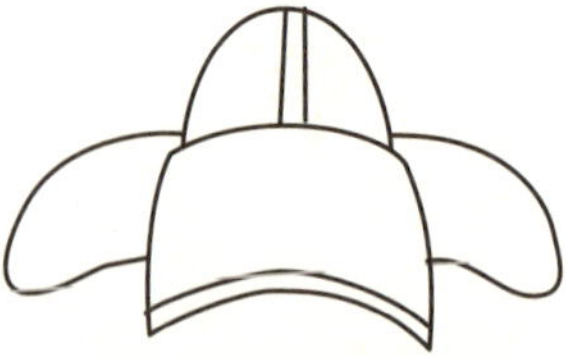

朝鮮王朝後期的紗帽

翼善冠

君主執行日常政務時戴的冠為翼善冠，是日常生活中最常戴的冠（請參照前頁插圖）。

翼善冠的形式依時代不同，第一代君主太祖戴的翼善冠前端較尖，朝鮮王朝後期的翼善冠前端較圓。隨著時代更迭，形狀出現微妙的變化。

紗帽

高級官僚平時戴的冠稱為紗帽。以現代用語來說，紗帽是官員的制服帽。

紗帽形狀在朝鮮王朝時代的初期與後期也略顯不同。

程子冠

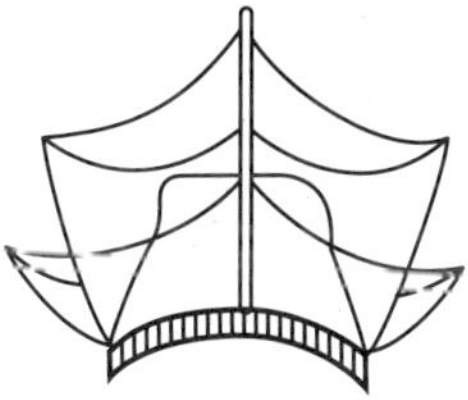

兩層

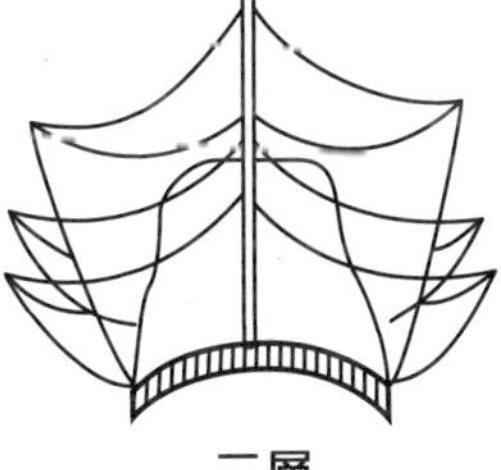

三層

前期的紗帽兩旁各有一個朝下的大帽翅；後期紗帽的帽翅變寬，往兩旁延伸。

此外，前期的紗帽材質為棉或麻，中期以後依季節變換，夏天使用薄絹，冬天使用厚絹製成。

●程子冠

此冠的名稱源自中國宋代儒學家程顥（一〇三二～一〇八五年）與程頤（一〇三三～一一〇七年）兩兄弟。兩人皆為儒學大家，其思想在朝鮮王朝產生極深遠的影響，就連名字也成為冠名。

程子冠是朝鮮王朝上流階級的男性最常戴的帽子，形狀分成兩層與三層。三層程子

笠

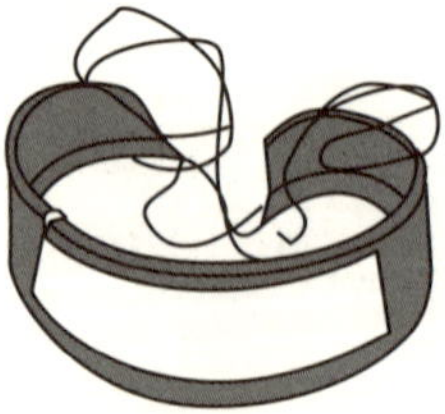
網巾

宕巾

冠的左右兩邊都有三個像刀子一樣往外彎的設計，打造勇敢威武的形象。

●笠

朝鮮王朝時代的兩班最常戴的帽子就是笠。無論外出或辦理要事，上流階級的人都會戴笠。以馬的鬃毛或尾毛，加上切細的竹子編織而成，接著再塗成黑色。寬帽簷是最大特色，正中間的帽筒愈往上愈細。還有綁帶設計，戴上後可在下巴打結固定。

此外，戴笠時還要搭配將笠固定在額頭與後腦勺的網巾，以及套在網巾上的宕巾。簡單來說，不是直接戴上笠，必須先利用網巾與宕巾調整頭型再戴笠。

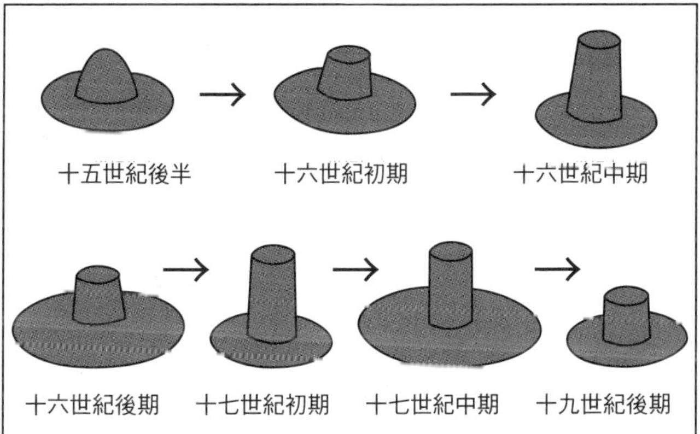

笠的造型變化

我們經常可在韓國宮廷劇中，看到上流階級的男性在家中戴網巾，這代表他待會會戴笠出門。

●幅巾

儒學家穿的袍服稱為深衣，以寬大的圓袖為特色。儒學家穿深衣時，頭上要戴幅巾。

幅巾主要是由一層黑絹製成。儒學家頭戴幅巾勤勉向學，指導儒學生。幅巾可說是朝鮮王朝時代象徵學問的頭巾。

幅巾

六、一探宮中人物的服裝生活

●王的睡衣

不穿執政服與禮服的時候，君主究竟都穿什麼樣的衣服？

朝鮮王朝時代沒有現代概念中的睡衣。

君主休息的時候只穿就寢專用的赤古里與褲子。換句話說，君主穿的是寬鬆的內衣褲。內衣褲的材質比白天穿的衣服寬一些，以質地柔軟的紗製成。君主穿著這套「睡衣」就寢，直到隔天早上起床洗臉為止。通常洗完臉後就會換上日常服裝。

●宮中女性的服裝規定

宮中禮儀繁雜，王妃幾乎一整天穿唐衣。不穿唐衣的時候，則穿比一般赤古里寬鬆一些的上衣。

此外，即使是一般日子也不能任意選擇高腰長裙的顏色。宮中有一定的服裝規定。

舉例來說，紫紅色的高腰長裙只有王妃能穿，其他王室女性不可穿著。其他王室女性必須穿紅色長裙。

為了與身分地位較高的女性有所區別，女官不可穿紫紅色與紅色長裙，大多穿著素面的藍色長裙。

無論如何，地位最高的王妃最自由，平時可穿藍色長裙，還有金色織紋突顯地位的不同。

話說回來，從王妃到女官，這些生活在宮廷裡的女性穿著的高腰長裙，與包含兩班在內的民間女性相較，寬度約寬七十公分。使用大量最高級的絲綢製成，可說是奢華至極的傳統長裙。

●清洗王妃的內衣

宮中有一個王妃專屬的慣例，亦即王妃穿的衣服有專人負責清洗。

一般來說，宮中的洗踏房有專門洗衣服的女官，負責清洗所有王族成員的衣物。只有王妃的內衣是由貼身服侍的奶媽清洗。

事實上，王妃嫁入宮中時，會從娘家帶奶媽一起進入宮廷生活，由奶媽負責照顧王妃的生活起居，自然就由奶媽清洗王妃的貼身衣物。簡單來說，貼身衣物的洗滌工作最好還是由親近的人負責，避免王妃覺得尷尬。

不過，一旦王妃在宮中生下子嗣，從此以後貼身衣物的清洗就交給洗踏房的女官負責，分擔奶媽的工作。

●王妃的襪子

朝鮮王朝時代盛行儒教思想，從嚴格的禮制規範來看，讓別人看見自己打赤腳的模樣是很失禮的行為。韓劇《公主的男人》中有段劇情，描述李世姈被他人看見沒穿襪子睡覺，結果成為大家的笑柄。此橋段充分反映當時的思想，朝鮮王朝時代的女性即使在

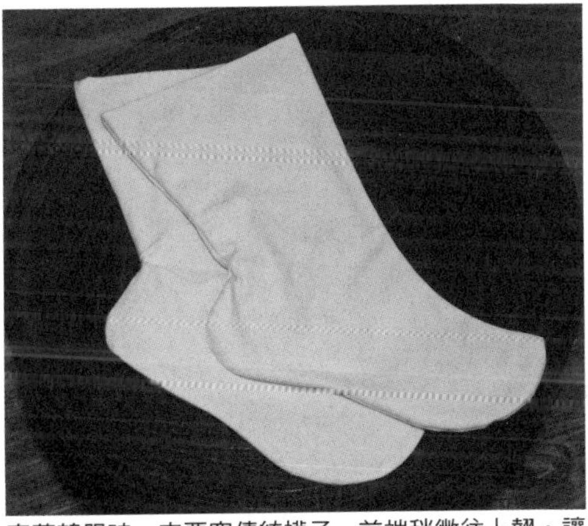

穿著韓服時一定要穿傳統襪子。前端稍微往上翹，讓腳看起來小一點。往上翹的前端稱為鼻。

炎熱的夏天也會穿襪子，避免別人看見自己的雙腳。

據說王妃每天都穿新襪子，並將換下來的襪子收起來。一年後，再將這三百六十五雙襪子全部賜給女官。

王妃穿過的襪子與其說是民生必需品，倒不如說是幸運物，蘊藏「領受王妃高德，好運就會降臨」之意。話說回來，雖有三百六十五雙襪子，還是不夠分給所有女官，因此王妃穿過的襪子可說是十分稀有的貴重物品。

●請安服

看韓國宮廷劇一定會發現世子（王位繼承人）的正妻經常造訪王妃，不只是例行公事的需求，也是為了完成「請安」儀式。

此時世子妃穿著的服裝稱為「妃嬪問安服」，因應對方身分的規格與紀念日的重要性穿著，就連顏色、飾品都有詳細規定。

無論如何，王室女性只要面對地位比自己高的人，當天早上起床就要根據詳細的服裝規定準備全套衣裝，更衣後前往對方的居所問安。

必須穿最高規格請安服的日子包括王族生日、元旦、冬至以及正月十五。其中以王族生日和元旦的打扮最盛重。

當天可能會做的穿著打扮如下：

「金織圖案綠色唐衣搭配藍色與紅色單襴裙（有金色飾帶的長裙）各一條，腰部繫上流蘇腰配，上衣底部綁著珍珠夾囊（束口袋）。」

此外，君主的祖母身分最尊貴，無須向別人問安。

另一方面，王的祖母、王的母親、王妃等人生日時，側室都要穿上最隆重的衣裝前往請安。

●李祘之母的請安生活

請安儀式對後宮女人來說是很沉重的負擔。

以惠慶宮為例，惠慶宮是第二十二代君主正祖的母親，她也曾在韓劇《李祘》中登場。從惠慶宮的親筆日記，可以清楚了解當時的宮廷生活。

惠慶宮是以世子妃的身分入宮，當時她只是個十歲的小女孩。一大早就要忍著睡意起床，換上問安服。

日記中如此寫著：

「根據規定，每隔五天要向王的祖母請安，每隔三天要向王的側室（惠慶宮的義母）請安，幾乎每天都在請安。」

「一定要穿禮服才能拜見，時間晚了也不行。」

惠慶宮一大早起床後，就要換上正裝用的兩件赤古里、唐衣、禮服用的高腰長裙，頭上戴著綴滿寶石的唐織髮帶。她每天都很擔心自己會不會睡過頭，來不及換上問安服，所以前一天晚上都睡不好。為了謹守禮儀，惠慶宮每天都請從娘家一起過來的奶媽叫她起床。這樣的生活對十歲小女孩來說，真的是沉重負擔。不過，這是王室女性必須經歷的辛苦過程。

●衣服換季

在宮中，從王族到女官的服裝打扮都有嚴格規定。簡單來說，就像制服一樣。每當季節變換，還是維持同樣的服裝款式與顏色，只是替換不同質料的衣服。

每到夏天，君主執行政務時穿著的紅色袞龍袍改成通風的薄絹製成，冬天則採用厚實的緞面布料。王族女性穿著的唐衣也會在夏天改用清涼的紗織布料製成，穿起來十分涼爽。

唐衣都有固定顏色，只有盛夏時期例外，此時宮中女性全部改穿白色唐衣。只要王妃換穿白色素面

宮中女性在盛夏季節穿的白色單層唐衣。
使用通風的薄絹材質。
盛夏季節換上帶有清爽感的高腰長裙。

夏季唐衣

唐衣，宮中所有女性也會一起換上白色唐衣。

●因應季節配戴飾品

宮中的服裝規定十分繁雜，飾品也要因應四季不同配戴。使用流蘇腰配時，以寶石和設計區分季節。

春夏兩季配戴淺色系寶石，秋季使用比春夏顏色深一點的寶石，冬季則用瑪瑙等深色系寶石，或附帶香匣的寶石，尺寸比其他三季大一些的流蘇腰配。

戒指也有材質之分。冬季戴金色戒指，夏季戴翡翠等玉和紫瑪瑙，春秋兩季戴水晶戒指。

翡翠戒指戴起來很清涼，如果各位曾經在寒冷的冬天不小心戴過翡翠項鍊，一定能想像這種感覺，幾乎冷到讓人發抖。

夏天戴的玉戒不只顏色清涼，戴的時候也有涼爽感。玉戒可說是夏季造型的一部分。

●冬至穿紫紅色赤古里

朝鮮王朝的人習慣在冬天吃紅豆粥消災解厄。似乎受到這項習俗影響，冬至那一天，宮中所有女性都會穿上紫紅色赤古里。

在一般的日子裡，紫紅色是最高貴的顏色，只有王妃才能穿著。唯有冬至那一天，所有王族女性和女官可以穿紫紅色赤古里。由於紫紅色是紅豆粥的顏色，具有消災解厄之意。

●在宮中縫製衣服的女官們

宮中有專門的女官製作華麗的服裝。

負責準備與縫製衣服的地方稱為針房。針房的女官專門為王室成員製作衣服。她們先測量穿著者的尺寸，依宮中規範的禮服版型裁剪布料，做成衣服。不只是衣服，連服飾品也會做。

另一方面，負責刺繡的地方稱為繡房。繡房的女官專門製作補、胸背（縫在官吏服裝胸口與背部的刺繡）、刺繡腰配與需要刺繡的服裝。除了衣服之外，刺繡屏風等日常用品也出自繡房女官的巧手。此外，繪製刺繡圖案的女官與執行刺繡工作的女官並非同一組人。

針房與繡房的女官擁有高超技術，她們在女官中待遇算是高的。在王的寢殿近身服侍的至密尚宮是女官中地位最高的，針房與繡房的地位僅次於至密。

從高腰長裙的穿著方式即可看出女官的地位高低。具體而言，至密、針房與繡房的高腰長裙是由右往左纏繞，其他部門的女官則是由左往右纏繞。一眼就能分辨穿著方式的差異。

七、兩班夫人穿什麼？

朝鮮王朝時代的身分制度十分嚴格，對於服裝的規定也相當嚴謹。在宮外生活的人都穿什麼樣的衣服？就讓我們從兩班夫人的日常服裝開始看起。

兩班夫人平時穿著赤古里與高腰長裙，腳上穿唐鞋（請參照卷首第二十三頁）。

與宮中女性相較，兩班夫人的服裝沒有那麼嚴格的限制。不過，兩班夫人與庶民女性之間有著很大差異。

以高腰長裙為例，兩班夫人穿的長裙比庶民穿的長裙寬度較寬，長度也較長。庶民穿的長裙會露出鞋子，但兩班夫人穿的長裙裙襬剛好遮住鞋子。

此外，三回裝赤古里是兩班女性限定的款式設計。三回裝赤古里指的是前襟、袖口、衣帶（位於胸前用來打結的帶子）與脇邊腋下處，使用另一種顏色的布料縫製而成的短上衣。

這四處不使用其他顏色，或只有衣帶、只有前襟使用另一種顏色的短上

半回裝赤古里

即使前襟、衣帶與袖口皆使用另一種顏色，但脇邊腋下處與衣身顏色相同。

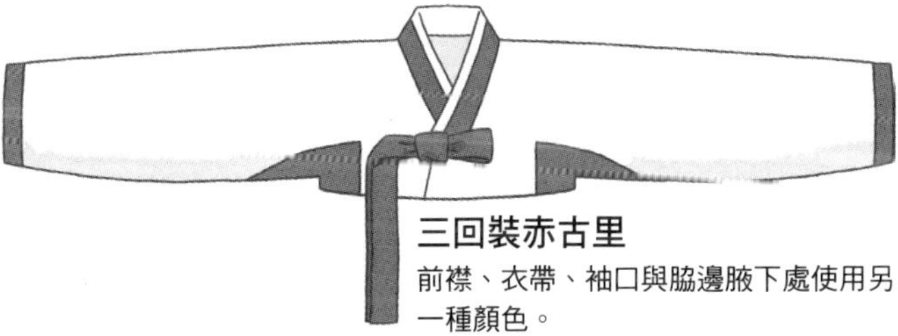

三回裝赤古里

前襟、衣帶、袖口與脇邊腋下處使用另一種顏色。

衣，皆稱為半回裝赤古里。

三回裝與半回裝赤古里的辨別方式相當簡單，只要看脇邊腋下處的顏色即可。若有人身穿脇邊腋下處與衣身不同顏色的赤古里，代表對方是「兩班階級」。

●衣服顏色代表身分

赤古里的設計乍看下很複雜，但使用「不同顏色的布料」有其意義。因為顏色代表一個人的身分地位。

舉例來說，衣帶為紫紅色的女性代表「已婚婦女」，袖口鑲藍邊的女性代表「生下兒子的母親」。因此，衣服顏色不只可以區分「兩班或庶民階級」，還能看出家庭結構。

以下是以年齡為基準，統整各年齡層應該穿的衣服顏色。雖然沒有嚴格規定，但當時的女性已經習慣按照年齡穿不同顏色的衣服。

【赤古里的顏色】

・結婚前到三十多歲左右／松花色（鮮豔的黃色）

・中年／豆綠色（類似黃豆的淺黃色）
・老年／玉色（淺藍色）

【高腰長裙的顏色】
・結婚前／紅色
・中年／藍色
・老年／玉色、灰色

●當季衣服

【夏服】
夏季追求穿起來清爽的機能性，因此以淺藍色、白紗（織得很薄的絹）為主。透出織入布料的紋樣，感覺十分涼爽。
在上衣底下的手臂套上竹子編的袖套，避免汗水沾到衣服。

【冬服】
上半身穿赤古里，下半身穿塞入棉花、保暖性較高的褲子。

此外，富裕的兩班階級流行披貂皮大衣。

據說沒有貂皮大衣的兩班夫人會有自卑感，甚至不敢參加其他夫人出席的聚會。由於貂皮大衣的風潮過熱，宮廷不時頒布禁奢令，但仍舊無法遏止歪風。

那個年代的貂皮大衣與現代相同，唯一的不同之處是毛皮縫在內側。從外觀上只能看見毛邊的部分，無論在哪個時代，高級大衣還是女性們追求的時尚逸品。

此外，頭上也會戴內側有毛皮設計的帽子（披額帽）。

●兩班未婚女性的服裝

兩班家的未婚女性必須穿規定的處女服（請參照卷首第八頁）。

基本樣式是黃色的三回裝赤古里，搭配大紅色高腰長裙。三回裝赤古里的設計是黃色底色，加上紫紅色布料點綴。頭髮往後綁成一條長辮子，在髮尾綁上大紅色唐織髮帶。

八、庶民的衣服很樸素

●一般庶民的衣服

庶民女性與兩班一樣穿著高腰長裙與赤古里，不過，只能穿由麻布或棉製成的款式，絕對不能穿兩班穿著的絲質服裝（請參照卷首第九頁）。

設計上除了三回裝赤古里之外沒有任何限制，但一般偏好白色素面款式。由於當時的服裝規定相當複雜，選擇素面款式比較簡便。

高腰長裙的穿法也不一樣。兩班女性由右往左捲，庶民則是由左往右捲。

庶民不可使用兩班女性用的金銀髮簪，只能使用以木頭或動物角製成的簡單髮簪。

鞋子部分穿著稻草編的草鞋。

●妓生的服裝

妓生就是藝妓，是比庶民還低的賤民階級。儘管身分地位較低，但妓生的服裝規定與庶民截然不同。首先，妓生可以配戴金銀飾品，穿高級絲綢製成，增添華麗裝飾的半回裝赤古里，腳上踩著皮革做的鞋子。總之，妓生可以穿著兩班等級的豪華服裝。

不過，妓生與兩班有一處差異，亦即高腰長裙的穿法。妓生由右往左捲起裙片，固定在左邊及胸的位置，這個造型有人稱之為「夾棍裙」（주릿대치마）。

由於將裙子往上拉至胸部的關係，很容易露出襯褲底部（類似現在的內搭褲）。照理說貼身衣服不應該讓外人看到，但這個穿法是故意露出襯褲，因此妓生會穿高級絲綢製成的襯褲。

此外，夾棍指的是刑場行刑用的刑棍。妓生裙裝營造出細長線條，這個造型讓人聯想到棍棒，因此得名。另一方面，也有人認為妻子憎恨妓生搶走自己丈夫的心，才會藉由這個特殊名稱表達「穿那種衣服的女性就是不正經，應該受棍刑拷打」的貶意。

九、赤古里款式與髮型變遷

●赤古里的流行趨勢

朝鮮王朝時代有許多服裝規定，但是否因此失去的自由選擇的權利？似乎也不是這麼一回事。從赤古里的款式演變即可看出每個時期的流行趨勢。

大致來說，赤古里的長度、袖子寬度與前襟款式每個時期都有不同。

朝鮮王朝時代初期的款式較為寬鬆，隨著時代演進長度愈來愈短。到了朝鮮王朝時代後期，上衣已經短到無法蓋住胸部的程度，袖寬也愈來愈窄。

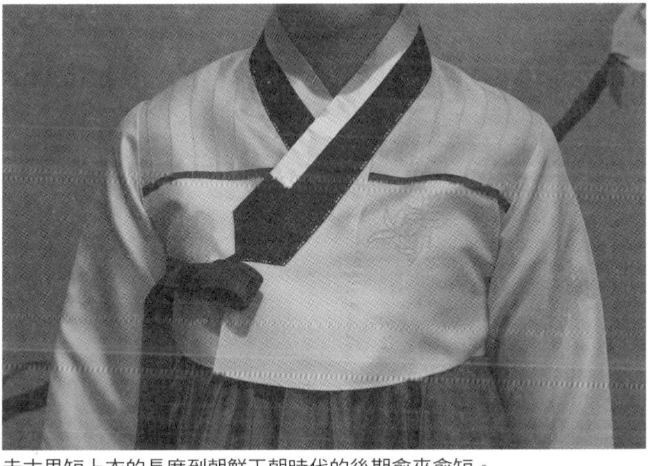

赤古里短上衣的長度到朝鮮王朝時代的後期愈來愈短。

就連宮中流行的赤古里也引發許多問題，不僅袖子窄到手肘一彎就裂開，長度也無法完全遮住胸部。

相傳如此性感的赤古里風潮源自妓生。事實上，儒教的戒律是絕不能露出肌膚，因此妓生穿上無法遮住胸部的赤古里後，又在胸部緊緊纏上一條布巾，刻意遊走在灰色地帶。

雖說纏上布巾遮住胸部，但整體設計反而突顯出下胸部的肉感，令人印象深刻。

●髮型的流行趨勢

朝鮮王朝時代，美人的條件之一就是「雲朵般的頭髮」。意指髮型要像雲一樣一朵朵地蓬鬆豐盈，這就是美的定義。為了達到這個效果，女性之間開始流行戴假髮，也就是「加髢」。將加髢固定在自己的頭髮上，做出「如雲朵般」的美人髮。

然而，加髢是用真髮做的假髮，價格十分昂貴。加上當時的女性覺得用加髢做出來的髮型愈大愈好，使得碩大笨重的加髢成為市場主流。

女性爭相戴起巨大加髢，花在加髢上的費用也相當可觀。據說一頂加髢可以買下十間富裕庶民住的房子。儘管現在說來有些荒唐，但當時真的有人為了加髢傾家蕩產。

第二十一代君主英祖有感於加髢過度流行衍生的弊端，於是頒布禁令，禁止士族婦女戴加髢，改戴稱為簇頭里的小花冠。

儘管如此，這一回卻變成在小花冠競相點綴大量寶石。如此一來，禁奢令便失去了原本的意義。

為了遏止歪風，第二十二代君主正祖再次頒布禁令，公告具體的嚴禁事項，才終於平息了奢侈作風。正祖鼓勵女性將頭髮往後梳成服貼的低髻，將潮流引導至樸素典雅的趨勢上。

話說回來，如此做法仍舊打擊不了女性的美學意識。將頭髮挽在腦後的貼髢，通常會插上髮簪裝飾。因此女性開始將腦筋動到髮簪上，發展出更加奢華富麗的款式。

關於朝鮮王朝時代的女性髮型，請參照卷首第十五～十七頁的說明。

第2章 宮廷劇重現韓服魅力

韓服的細部設計十分精美！

前襟、衣帶、袖子、背影……韓服素有「風之服」的美譽，細部設計充滿美感。

一、逐漸被遺忘的傳統服裝

曾經造訪過日本的韓國人都羨慕同一件事，那就是日本街道上有許多穿著和服的日本人。想在韓國街頭找到穿韓服的韓國人，可說是難上加難。

直到幾十年前，韓服還是韓國人日常穿著的服裝，如今卻因不方便而不穿，這一點令許多韓國人感到惋惜。許多日本民眾看了韓國宮廷劇後大讚韓服之美，對韓國人來說，這是值得開心的事情。

但韓國人對於自己的傳統服裝，也就是韓服從未有過深入思考的機會，造就了「韓服是逐漸被遺忘的傳統服裝」的刻板印象。或許正因為韓服是韓國人生活的一部分，才會讓韓國人感受不到韓服的魅力與重要性。幸好我們還有「描述過去歷史」的宮廷劇，可以讓一般民眾輕易地接觸到當時的服裝與生活。韓國的宮廷劇迷可以在欣賞連續劇的同時，獲得回顧韓服之美的機會。

連續劇《公主的男人》採用的服裝造型，是將韓服之美發揮到極致的作品。韓國許多宮廷劇迷都因為這部連續劇重新認識韓服，驚嘆韓服之美。

韓服究竟有何魅力，可以超越時空吸引現代人的目光？

二、不拘束穿著者的服裝

如今韓國的生活型態大部分已西歐化，但在婚喪喜慶等重要節日，年長者還是會穿韓服。這代表韓服早已深植在韓國人的生活之中。

不過，年輕族群基本上覺得「韓服不適合現代生活」。

有趣的是，只要年輕人有機會穿著韓服參加婚禮等儀式，一定會開心地表示「沒想到穿韓服如此輕鬆。」原因很簡單，因為韓服是「不拘束穿著者的服裝」。

比起「穿」這個動詞，韓服更適合以「纏」來形容穿韓服的感覺。並非人去穿固定尺寸的衣服，而是衣服配合每個人的身形改變。因此，韓服纏繞身體的方向並不一致。男性穿褲子時會繫腰帶，方便身體活動，但透過設計讓別人看不見腰帶，還能調整至自己感到舒適的模樣。女性穿著高腰長裙時，也會固定在胸前一側，穿起來毫無束縛感。

高腰長裙最大的特色並非上下皆空的筒狀，而是它本身就是一件完整的衣服。將長裙纏在身上的過程中，自然形成一件衣服，展現流暢又寬鬆的曲線。相較於日本傳統和服，和服貼近穿著者的身形，讓穿著者隨時保持抬頭挺胸的儀態。和服做得較硬挺，讓人展現凜然氣質，維持正確姿勢，散發氣質與溫柔氛圍。

穿上和服可以展現工整的直線感，而且為了增添平面外觀的美感，發展出許多圖案與飾品。這些都是和服的特色。

相對於此，韓服是由曲線構成，平面部分較少，可說是不易裝飾的衣服。韓服的版型較為寬鬆，布料容易起皺與垂墜，即使加上紋樣或刺繡裝飾，也很難充分傳達設計的魅力。表現衣服的顏色與自然小巧的裝飾，正是韓服的特色所在。

固定衣服的配件不是鈕釦而是衣帶。若只為了穿好衣服，短衣帶也能發揮固定的效果。但韓服刻意使用長衣帶，就是為了讓衣帶長長地垂在側邊，隨風搖曳。連一條衣帶也能產生自然曲線，這就是韓服。

　　流蘇腰配是最具代表性的韓服配件，直接反映韓服的特色。

　　有別於戒指或髮簪這類戴在身上的飾品，流蘇繫在衣服上。一般來說，裝飾服裝的配件通常會利用衣服的面，直接固定在衣服上，但韓服沒有這樣的配件。使用琥珀、翡翠、銀等寶石與貴金屬，加上編繩與長長的流蘇，讓流蘇腰配在自然形成的韓服曲線中，充分發揮真正的價值。此外，流蘇腰配在長裙的褶襉裡若隱若現、搖曳生姿，不僅不過於張揚，還很美麗。

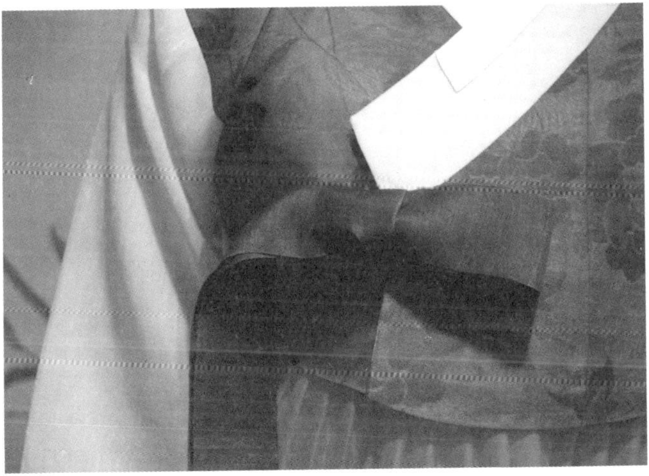

赤古里使用衣帶固定。

三、受到儒教影響的韓服

從利用衣帶固定衣服這一點來看，韓服的衣帶就像和服的腰帶。不過，韓服的衣帶直接縫在衣身上，像一條大型緞帶垂在身側；和服的腰帶則是先穿好衣服後，再緊緊纏在身體上，腰帶尺寸比韓服的衣帶大上許多，設計也更為華麗。

和服腰帶要在背後打一個大大的結，與端莊的正面呈現出截然不同的華麗印象。妝點背影這一點可說是和服與韓服最大的不同之處。

從正面來看，和服十分柔美簡潔，但從側面與背面欣賞，又會看到立體華麗的造型，這就是和服的魅力所在。避開正面，從立體概念的不同角度展現魅力，如實反映了日本文化的特徵。

反觀韓服前後左右沒有太大變化，如此設計有兩大理由。第一，現今的韓服型態是在朝鮮王朝時代完成的，當時的社會理念就是徹底遵守儒教教義。

儒教忌憚女性過度表現自己，男性也不能放肆地盯著女性看。在那個時代，男女之間就連成為點頭之交都是逾矩的行為。

兩班女性身為貴族，外出時必須從頭上披著一件像斗篷的長衣（請參照卷首第九頁），不讓別人看見自己的模樣。領導時尚風潮的貴族階級都如此小心，女性自然不敢大膽裝飾頭髮，或精心打扮背面的造型。

不可諱言的，朝鮮王朝時代也有加髢或於由味這類巨型假髮和華麗飾品，但這些主要流行於宮廷或妓生等部分階級。再者，朝鮮王朝時代中期以後，也因為助長奢侈歪風遭到法律禁止。一般來說，整個社會還是以簡樸風格為主流。

整個朝鮮王朝時代都貫施基於儒教埋念制定的衣服規範。高麗時代崇拜佛教，受到中國影響展現豪邁性格，當時的服裝顯得較為華麗，線條也較圓潤。進入朝鮮王朝時代後，受到禁慾的儒教理念支配，包括衣服等所有文化在內，逐漸走向追求自然意象的道路。高麗時代最具代表性的藝術品就是華麗的青瓷，朝鮮王朝時代的代表藝術品是簡樸的白瓷，從這一點也能看出明顯差異。

朝鮮王朝文化帶有禁慾傾向，影響了韓服。韓服與日本和服最大的差異之一就是性感風情。

誠如前方所述，儒教有嚴格的男女之別，女性絕對不能展現性感魅力。嚴禁女性裸露就是最典型的例子。相較於此，日本文化帶有「性感是女性魅力之一」的觀念。稍微露出後頸的感覺除了表現出和服的凜然氣質，也進一步突顯女性魅力。

比起和服，韓服確實很難表現性感。就像我說過的，儒教思想深深影響了韓服款式。在儒教觀念裡，女性最大的美德就是端莊，這一點完全反映在韓服上。

不過，即使風俗民情嚴禁女性裸露，女性仍盡一切努力讓自己看起來更有魅力。最好的例子就是，與朝鮮王朝時代初期相較，後期的赤古里短得十分驚人。朝鮮王國建國初期還保留著高麗時代的樣式，赤古里長至大腿處。後來慢慢變短，到了朝鮮王朝時代後期，已經短到腋下處。以現代眼光來看，赤古里就像露肚臍的短T恤。這當然也是為了盡可能表現女性魅力所做的努力。

四、動的時候最能感受韓服魅力

儘管韓服是最不可能展現女性性感風情的衣服，但有時候反而讓人特別感受到女性魅力。尤其是活動身體的時候。誠如前方所述，日本和服利用直線與平面端正身體姿勢，展現凜然氣質。再利用和服的平面施以圖案與刺繡，將細部設計轉化成美麗的裝飾。由於這個緣故，可以充分展現美麗裝飾的「靜止狀

韓服是由流動曲線構成。

態」，會比身體活動期間更具魅力。

各個文化中的傳統舞蹈皆完美表現出該文化圈最具魅力的服裝，因此日本的傳統舞蹈會在動作中加入擺出美麗姿勢的「靜止狀態」。這個瞬間將舞蹈家的身體之美與衣裳魅力合而為一，成為一幅最美麗的畫作。

在流暢的動作中捕捉最美的瞬間，傳達給所有欣賞者，這個做法充分突顯日本傳統服裝的魅力。

相較於此，韓國的傳統舞蹈幾乎沒有「靜止」動作。雖然有接近靜止的慢動作，但從頭到尾都如行雲流水一般。比起靜止瞬間，活動的瞬間最能表現韓服魅力。韓服是由流動曲線構成，韓國的傳統舞蹈也很重視隨風搖曳的流暢度。從高腰長裙的寬度與舞者的雙腳動作中，最能看出這一點。

由於和服寬度較窄，雙腳無法抬高，因此日本的傳統舞蹈很少有大幅度的腳部動作。取而代之的是微微彎曲膝蓋，以坐的感覺展現整體的躍動感，再透過雙手和臉部表情表現豐富情感。整體動作的幅度以垂直方向較為明顯，水平方向的動作顯得相對溫和。

韓國女性在跳傳統舞蹈時，有許多抬腿等腳部動作，往左右兩邊移動的動作也比垂直方向多。這是因為韓服的高腰長裙很寬鬆，雙腳可以自由活動。此外，也因為高腰長裙很寬鬆的緣故，底下可以穿好幾件襯褲。一般來說，赤古里短上衣內只穿一件襯衣，但有時為了配合禮制，長裙下還要穿六種以上的襯褲。簡單來說，高腰長裙就像露肩洋裝，包覆著肩膀以外的身體。

高腰長裙的襯褲不只是單純的內搭褲，而是像西方的襯裙讓裙襬更蓬。飄逸蓬鬆的長裙不只靜止時好看，活動時更加美麗。從裙襬露出的雙腳更讓嚴禁裸露的韓服增添各種魅力的想像。

五、韓服是風的服裝

自古以來，女性的雙腳是最能展現性感魅力的部位。從高腰長裙微微露出穿著白色襪子的雙腳，那個畫面真是說不出的美啊！

為了襯托雙腳，韓國女性會在鞋子上添加許多裝飾。

「花鞋」是一款露出腳背的包鞋，鞋面施以刺繡與圖案裝飾。每次走路就會從裙襬微微露出往上翹的花鞋前端，這個造型能讓腳看起來小巧一些。同時也能讓雙腳看起來像花苞一樣美。事實上，襪子也跟鞋子一樣前端往上翹，這是為了在無法穿鞋子的場合，也能讓步伐更加美麗所做的巧思。

將裸露的程度降至最低，讓女性在穿著韓服時能做出最輕鬆的動作，進而呈現自然的感覺，或許這就是唯有韓服才能表現的女性魅力。

韓劇《公主的男人》中，有一場戲是女主角李世姈邊鞦韆，那段畫面充分展現韓服魅力，討

韓文的鞋子為「신」，繡著花朵（꽃）圖案，因此花鞋的原文是「꽃신」。

論度相當高。隨風搖曳的裙襬，鞦韆往上時微微露出裙下的雙腳，不僅表現李世姈的活力，也讓人感受到女性特有的魅力。這一幕深深吸引了一旁金承俞的心。

不瞞各位，韓國經典著作中不乏女主角身穿韓服盪著鞦韆，吸引男主角目光的情景。

最有名的是被譽為朝鮮王朝最美愛情故事的《春香傳》。出身名門的李夢龍第一次見到妓生春香時，她正在盪鞦韆。李夢龍對春香一見鍾情，還以「宛如從天而降的仙女」來形容。

若說高腰長裙如仙女的羽衣象徵自由的魅力，赤古里就像蘭花一般，呈現出端莊溫柔的美麗。赤古里從肩膀到袖子的線條十分優雅，與蓬鬆飄逸的長裙形成對比，讓人感受到「精心計算

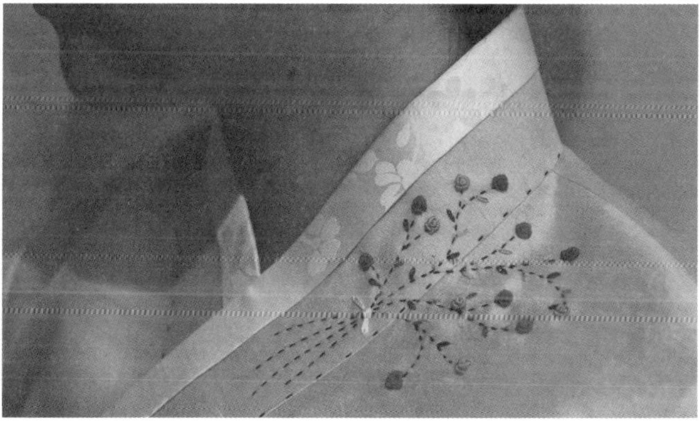

前襟處有白色半襟（襯領）。

的美學」。領口的半襟吸引眾人目光。

由於領口部分容易弄髒，因此半襟原本是一塊遮在領口處避免衣服沾附汙垢的白布。後來為了方便替換，改用紙張製作，演變成現在硬挺的領型。

由於韓服使用大量曲線，很容易顯得鬆垮，因此以直線修飾大多數人的視線最常注意到的頸部與胸部，巧妙地將兩者串連在一起。這就是半襟的用意。

純白色的半襟不只負責統整曲線，也利用配色突顯個人特色。

誠如前方所說，韓服不太使用圖案與刺繡，配色顯得單調。但在一般人最常注意到的上半身添加端莊典雅的白色半襟，不僅可以避免單調，也能讓赤古里與高腰長裙的配色更加多樣化。最重要的是，硬挺的白色半襟帶有韓國精神象徵「士族」的特質。從臉部、頸部到胸前這一條線代表一個人的特性，半襟以低調確實的方式讓這一條線維持乾淨整潔的樣貌。

雲朵般蓬鬆飄逸、輕鬆自在的高腰長裙，加上宛如蘭花端莊、猶如白鶴孤潔的赤古里，這個造型釋放且洗滌穿著者的心。

韓服是風的服裝。

當一個人穿上韓服，靜止時展現柔和之美，活動時襯托動感姿態，落落大方。而且不過於搶眼，適度地表現自己。我想這就是韓服的魅力所在。

六、考究《公主的男人》的劇中服裝

韓國宮廷劇《公主的男人》以王族和兩班為主要登場人物，因此該劇韓服以繽紛色調與華麗圖案吸引許多韓劇迷的心。

不過，若根據歷史考證，劇中韓服有許多史實上不存在的設計與款式。該劇的年代是朝鮮王朝建國僅六十年的初期，當時保留許多高麗王朝的文化，服裝款式也沒有太大變化。

當時的韓服與我們現在常見的朝鮮王朝時代後期的服裝相差甚大，首先要提的不同點就是赤古里的長度。

朝鮮王朝時代初期的赤古里長度及腰，現今韓服的短上衣於朝鮮王朝時代中期登場，隨著時間愈來愈短，到了十九世紀末幾乎只蓋到胸部。

固定赤古里的衣帶也在朝鮮王朝後期移至胸部中央，衣帶變寬變大；但在朝鮮王朝時代初期衣帶位於外側，只有普通緞帶那麼大。

此外，男性戴的笠（帽簷較寬的冠）在朝鮮王朝時代初期與後期也有很大差異。不只款式不同，就連材質也不一樣。

事實上，朝鮮王朝時代初期的笠與高麗時代無異，大多以細竹編織而成。到了朝鮮王朝時代中期以後，就以馬尾毛編織為主流。

劇中公主們最常穿的唐衣也是朝鮮王朝時代初期幾乎未見的款式。

當時最常穿的是單衫與長衫，這兩種都是長至小腿肚的長裝。

此外，由於當時朝鮮王朝建國不久，宮廷服裝也以簡單樸素的款式為主。直到很久以後，宮廷規格才逐漸變得奢華。

話說回來，為何《公主的男人》不完全按照歷史考證設計服裝？

根據負責製作服裝的韓服專家全細美（音譯）女士的說法，在該劇的企劃階段，她準備了符合歷史考證的服裝，但開始製作之後，劇組認為由於內容有許多虛構之處，與其穿著符合史實的服裝，不如搭配適合愛情故事的款式較能襯托劇情，因此決定製作符合人物特性與劇情屬性的服裝。換句話說，該劇的設計概念是由企劃者、導演在內的製作群一起決定的。

事實上，該劇播出後，許多韓劇迷也對服裝考證提出許多意見。不少觀眾認為，既然製播宮廷劇，就要做好時代考證。

最好的例子就是同為KBS（韓國放送公社）製作的宮廷劇《大王世宗》（韓國於二〇〇八年播出）。該劇的時代比《公主的男人》早三十年，描寫世宗執政下的治世。根據考證，當時的服裝造型與《公主的男人》的時代幾乎一樣，但《大王世宗》完全重現當時的服裝與配件，獲得戲迷一致好評。

《大王世宗》的演員服裝兼具高麗王朝的優雅，與朝鮮王朝初期威風凜凜的架勢，光考證就花了三個月，據說素描手稿多達一百餘張。其實不只服裝，配飾也十分講究，完全按照考證訂製。

此外，為了提高服裝的完成度，所有衣服都是手工製作，服裝製作費高達十五億韓元（約四千一百萬台幣），光太宗一個人的服裝就花了四千萬韓元（約一百零九萬台幣）左右。

不過，無條件地配合時代考證製作戲服，不一定能讓觀眾感覺有趣。不可諱言的，宮廷劇的服裝必須表現出歷史背景、文化與生活樣貌，但在所有戲劇中，演員的服裝還有另一個重要使命。

那就是展現角色個性，甚至具有決定演員的說話聲調、表演方向等重要功能。有鑑於此，在決定服裝的設計概念時，是否符合劇情發展和角色個性也是很重要的因素。

七、可看見最美韓服的連續劇

若是必須真實呈現歷史事實的正統宮廷劇，服裝造型確實必須忠於時代考證，但像《公主的男人》這類添加「虛構」劇情的愛情故事，呈現史實便不是重點，劇組需要的是可以突顯劇情和人物角色的服裝。

不少宮廷劇迷比較《公主的男人》與《大王世宗》的服裝，並熱烈討論連續劇的服裝造型是否需要忠於時代考證。

有趣的是，《公主的男人》與《大王世宗》的服裝總監是同一人，都是由嚴光洙（音譯）先生負責。

他表示，無論是《公主的男人》或《大王世宗》，在企劃衣服時都是配合劇情特性進行設計。

簡單來說，是否忠於時代考證必須取決於該劇特色，並不是非遵守不可的鐵則。說得坦白一點，《公主的男人》在服裝造型上並不忠於史實，但即使如此，也不影響這齣戲帶給觀眾的感動。而且也由於服裝造型的關係，反而讓觀眾覺得更能襯托主角淒美動人的愛情故事。

實際製作戲劇韓服的金細美女士也表示：

「《公主的男人》的服裝以美麗為前提，為了符合劇中人的個性，我們製作了兼具優美與華麗風格的服裝。掌握每位劇中人物的個性，盡可能襯托出他們的角色。不只講究設計，也很注重材質，所有韓服皆採用傳統技法製作並使用天然染布料。或許在電視機螢幕前看不清布料透出的淡雅色調，但我們在細節處加上刺繡裝飾，盡一切努力展現韓服特有的華美氣息。」
從這席話不難看出她對於《公主的男人》的服裝製作，感到十分自豪。
在《公主的男人》第一集中，主角換了好幾套美麗韓服。特別是在身為王族與兩班的男女主角墜入愛河的序章，兩人皆穿著令人目眩神迷的華麗服裝。
隨著劇情發展，主角換穿簡樸服裝的場景愈來愈多，不少戲迷紛紛表示太可惜了，認為他們應該多穿一些華麗的韓服。
連同人物個性綜合分析《公主的男人》中出現的韓服之所以吸引觀眾目光的理由，首先是女主角李世姈穿的是未婚女孩的韓服，赤古里上繡著細緻的花朵圖案，加上淡色系

自從《公主的男人》大獲好評，韓國也開始流行有花朵刺繡圖案的赤古里。

布料，表現出天真浪漫的純真氣息。而且搭配色彩強烈的高腰長裙，讓女主角同時給人可愛的女孩印象與鮮明個性。

再者，敬惠公主的韓服造型十分華麗，樣式獨特，在在表現其高貴的身分與率直的個性。

另一方面，比起女性韓服，男性韓服總是顯得單調。男主角金承俞的韓服大量使用青色與紫色，儘管樸素卻深具氣質的配色，也充分帶出男主角心思細膩、個性剛直的內心世界。

現在有許多韓國宮廷劇迷將《公主的男人》譽為「可看見最美韓服的連續劇」，而且也有不少韓劇迷看了《公主的男人》之後，想要嘗試穿韓服。

《公主的男人》不只充分展現韓服特有的魅力，也完全發揮「連續劇的服裝」應有的作用。

第3章 朝鮮王朝時代的活力飲食生活

韓國菜起源於宮廷料理

朝鮮王朝時代君主吃的料理逐漸普及民間，形成現在的韓國料理。

一、不同身分吃的料理截然不同

朝鮮王朝時代實施嚴格的身分制度。

那是一個身分階級決定每個人從事的職業，身分愈高經濟能力愈強的時代。M型化社會也反映在飲食生活上，「富豪吃大魚大肉」是世間常態。不過，有趣的是，每個人都要遵守「什麼身分每餐吃幾道菜」的規定，絕對不能因為當天手頭是否寬裕而加減料理數量。

依身分決定的料理菜色稱為飯床。基本上是以米為主食，搭配料理的組合。飯床指的是一人一份的餐點，所有身分階級的人一定都有飯、湯和泡菜。

依身分產生的不同顯現在料理數量上。每個盤子只能盛一種菜，各種身分的飯床規定盤子數量的上限。值得注意的是，泡菜不算在限定的盤數裡，菜色包括串燒、燉菜、拌蔬菜等。話說回來，不同身分的料理內容究竟有何差異？

●王族

在宮殿生活的王公貴族吃的菜式稱為十二楪飯床。楪指的是盛裝料理的盤子，因此十二楪就是十二盤菜的意思。

這十二盤菜包括①溫蔬菜（拌蔬菜）、②生菜（生拌涼菜／醋漬蔬菜）、③④兩種烤物（燒烤／肉、魚、海苔等）、⑤紅燒（熬煮料理）、⑥醃菜（醬菜）、⑦煎菜（食材裹上蛋液後煎熟的料理）、⑧生魚片、⑨鹽漬海鮮（鹹魚）、⑩脯（肉乾）、⑪片肉（水煮肉片）、⑫水煮荷包蛋（半熟蛋）

王族的膳食最多為十二道料理，隨著身分愈低，數量愈少。

●兩班

朝鮮王朝時代的貴族階級稱為兩班，大多在宮中擔任官職。

兩班的膳食為九楪飯床或七楪飯床，亦即九盤或七盤菜。兩班在家吃飯時，絕對不可超過九盤菜。

此外，唯有大臣階級的兩班每天早午晚餐能吃九道菜，其餘兩班以七道菜為主。

九道菜的菜色如下：

①溫蔬菜（拌蔬菜）、②生菜（生拌涼菜）、③④兩種烤物（燒烤）、⑤紅燒（熬煮料理）、⑥醃菜（醬菜）、⑦煎菜料理、⑧生魚片、⑨鹽漬海鮮（鹹魚）或脯（肉乾）

從王族膳食中扣除三道菜（脯、片肉、水煮荷包蛋）的九道菜即為九楪飯床。

●中人

在宮中擔任翻譯官或御醫等職務，從事實務工作的人稱為中人。中人雖然不是兩班，但生活過得比較寬裕。中人的膳食多為七道菜（或五道），無論生活多富裕都不可超過七道菜。從七道菜來看中人的膳食與兩班的差異，兩班可以吃兩種烤物，中人減為一種；兩班可以同時吃燉菜與醃菜，中人只能吃其中之一。因此，將兩班的料理扣除兩道，就是中人的膳食內容。

①溫蔬菜（拌蔬菜）、②生菜（生拌涼菜）、③一種烤物（燒烤）、④紅燒（熬煮料理）或醃菜（醬菜）、⑤煎菜料理、⑥生魚片、⑦鹽漬海鮮（鹹魚）或脯（肉乾）

●常人

常人指的是從事農業、工業或商業的民眾，絕大多數都是農民。常人的膳食通常為三道菜，絕不可超過五道。

雖說上限為三道菜，但三道菜對庶民來說已經很豐盛。庶民夢想中的「三菜套餐」除了散發光澤的白米飯、湯與泡菜之外，還有①溫蔬菜（拌蔬菜）、②生菜（生拌涼菜）、③烤物（烤鳥腿肉等）。

實際上，常人每餐吃的是一碗飯、湯、泡菜與拌山菜。生活貧困的時候就用碎米煮粥，或煮南瓜麵片湯果腹。遇到饑荒沒有食物吃的時候，就吃魁蒿麵餅或橡子。

●賤民

賤民是朝鮮王朝時代最下層的階級。賤民幾乎都是奴婢，在宮中或兩班宅邸擔任僕役。兩班家的奴婢吃的膳食是另外準備的，不採用一人一份的形式，而是所有人圍著大餐桌吃飯。

●固定的調理方法

每個人每天吃的膳食不只因身分有固定盤數，就連調理方法也有規定。

以王的十二道膳食為例，有煮、烤、生拌、醃漬等作法，每道菜的調理方式皆不同。君主的十二道菜是全民的最高規範，王以下的兩班到庶民階級都要遵守按照禮制規定的數量與調理方法。

二、宮中飲食的基本原則

韓國宮廷劇經常出現君主吃飯的場景，大餐桌上放著滿滿的料理，每次看了都讓人懷疑「真的吃得完嗎？」。話說回來，要做這麼多道菜也是一件很辛苦的事情。接下來就讓我們一起來看君主平時吃的料理。

●製作君主膳食的廚師們

在宮中為王族準備的餐點稱為水刺床，特指為王、王妃、王的母親所做的料理。另外，為王子、王子妃與公主做的料理稱為進止床。

水刺床是由專門的女官烹煮，她們隸屬於燒廚房，負責調理王族飲食。

燒廚房分成內燒廚房與外燒廚房，內燒廚房的女官專門為王族做飯。內燒廚房的女官煮飯的地方稱為水刺間（御膳房）。

在水刺間做好料理後，將料理拿到盛盤的地方「退膳間」。總的來說，水刺床要先從水刺間運到退膳間，最後才會來到君主用餐的地方。

《大長今》拍攝現場的廚房實景，重現王宮的水刺間。

另一方面，外燒廚房做的不是王族的日常飲食，而是宮中的宴會料理。外燒廚房除了女官之外，還有男性廚師。專門製作宴會料理的男性廚師稱為待令熟手。以知名韓劇《大長今》為例，收養長今的姜德久就是待令熟手。

●王族進膳的次數與時間

以下是王族一天的進膳時間：

・初朝飯

早上一起床就先吃粥。

・朝水刺

上午十點吃早餐。共十二道菜的套餐，稱為十二楪飯床。

・點心

正午過後吃甜點、麻糬等點心，雖然也帶有午餐的意味，但這一餐離早餐很近，因此只吃輕食，喝茶配茶點。

・夕水刺

傍晚五點吃晚上的十二楪飯床，同樣為十二道菜的套餐。這一餐的十二道菜使用與早餐不同的食材製作。

由此可知，王族一天至少要吃四次飯。除了正餐之外，想稍微吃點東西時，也會額外準備茶點或麵食。

●全套的水剌床桌餐料理

水剌床使用四張桌子，包括王、王妃、王的母親，所有工族都吃同樣的桌餐料理。擺放最多道菜的餐桌稱為大圓盤，是一個表面施以塗漆加工的大圓桌。大圓盤上放著一人份的王族膳食。而且大圓盤一定會放在君主的正前方。

大圓盤旁放著名為小圓盤的小圓桌，上面放著餐後飲料與備用餐具。負責試毒的女官（毒見役）坐在小圓盤前。

旁邊長方形的大角盤上準備著要在君主面前調理的火鍋料，負責準備食物的女官坐在大角盤旁。

小角盤上放著湯匙盒與餐巾。負責煮火鍋的女官坐在小角盤旁。女官必須觀察君主用膳的狀況，抓準時機做好火鍋端上桌。

簡單來說，王族進膳至少需要三名女官服侍。

三、王的飲食內容令人咋舌

接下來讓我們仔細看一下王的飲食內容。

○飯與湯

各準備兩種飯與兩種湯。飯包括用白米煮的米飯與紅豆飯。順帶一提，只有王與王妃的飯（兩人份）必須分開煮，絕對不與其他王族或女官們吃的飯一起煮。

湯也準備兩種，例如海帶芽湯，或牛尾湯等以牛肉煮的湯。

飯與湯為固定組合。白飯要配海帶芽湯，紅豆飯則配牛肉湯。

○燉菜湯（宮中用語為燉菜）兩種

燉菜湯是火鍋湯的一種。與一般的湯不同，水量比湯少，味道較鹹，食材較多。準備的兩種燉菜湯中，一種是以醃漬糠蝦調味的鹽味燉菜湯，另一種則是用味噌或苦椒醬（辣味味噌）調味的燉菜湯。

○燜煮料理（찜）

先燒牛肉或魚肉，再加入蔬菜一起燉煮。煮至湯汁收乾是美味的祕訣。

○火鍋（전골）

火鍋料理的一種。以淺底鐵鍋烹煮。在王的膳食旁放置火盆，放上淺底鐵鍋加熱，女官在桌邊調理上菜。先炒牛肉與蔬菜，再加水煮一會兒。

【王獨享的大圓盤料理】

A. 飯
B. 湯
C. 陳醬（薄口醬油）
D. 清醬（醋醬油）
E. 醋辣醬（醋辣味味噌）
F. 丟食物渣的小碗
G. 燉菜湯
H. 燉菜湯
I. 燜煮料理
J. 蘿蔔塊泡菜
K. 白菜泡菜
L. 湯泡菜
1. 脯
2. 燒烤
3. 燒烤
4. 生魚片
5. 鹽漬海鮮（鹹魚）
6. 溫蔬菜（拌蔬菜）
7. 水煮荷包蛋（半熟蛋）
8. 煎菜
9. 醃菜（醬菜）
10. 生菜（生拌涼菜）
11. 紅燒（熬煮料理）
12. 片肉（水煮肉片）

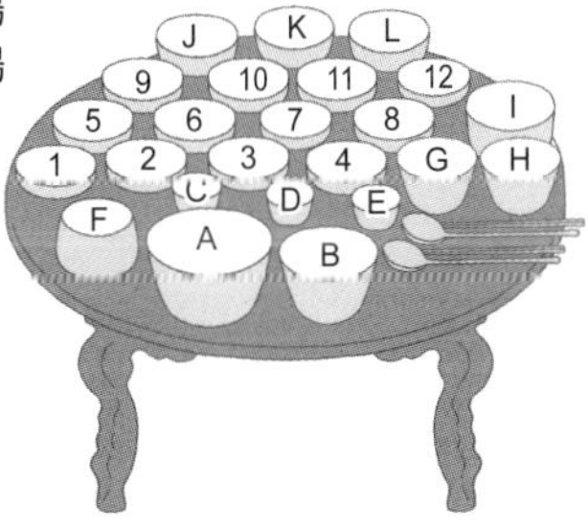

○泡菜

依季節不同，泡菜食材也會改變。夏天吃口感清爽或發酵得恰到好處的泡菜。

宮中用膳時會準備三種泡菜。最具代表性的就是湯泡菜（又名水泡菜，以鹽水醃漬白蘿蔔或白菜）、蘿蔔塊泡菜（將白蘿蔔切塊製成的泡菜）以及白菜泡菜。

○十二道料理

除了燉菜湯、燜煮料理、火鍋與泡菜之外，還要準備十二道菜，以下就是具體菜色：

①溫蔬菜（拌蔬菜）

蔬菜煮熟後拌勻。拌蔬菜的特色就是所有食材都先加熱，無論水煮或熱炒，將煮熟的蔬菜拌勻即可。宮裡一定使用三種顏色的蔬菜製成，例如白色的白蘿蔔、褐色的蕨菜與綠色的菠菜等。先汆燙蔬菜，再放入蔥末、蒜末，淋上醬油與芝麻油拌勻。朝鮮王朝時代的溫蔬菜與現在的拌蔬菜不同，盡可能減少油的用量。不過，會以熱湯溶解松子末或芝麻醬，再用來調味。

②生菜（生拌涼菜／醋漬蔬菜）

涼拌生菜。這道菜與使用汆燙蔬菜的溫蔬菜不同，直接使用生鮮蔬菜。特色在於一定會用醋調味。例如將白蘿蔔切成薄片，放入薑末、蔥末、芥菜末，淋上醋，灑鹽調味。

③④兩種烤物（燒烤／肉、魚、海苔等）

準備兩道燒烤菜色。第一道是牛、豬、鳥、魚等烤肉類，第二道是羊奶參、海苔等烤蔬菜、海藻類。放入醃漬辛香料的醬油醬汁或苦椒醬（辣味味噌）靜置一會兒再烤。獻給君主吃之前，要先在隔壁調理，食物烤好後再盛入王的盤子裡。宮中烤物的作法不會讓食物直接接觸火，而是將一張用來做紙拉門的厚紙浸濕，鋪在網子上，再放上食材烤。

⑤紅燒（조림）

將蔬菜或肉放入鍋中熬煮入味的料理。主要以醬油調味，口味偏鹹。韓國還有另一種燉煮料理叫做燜煮（찜），這兩種料理在作法上有些差異。燜牛肉使用大肉塊，湯汁放多一點，像煮湯一樣地燉煮。這是作為主菜的肉類料理。紅燒牛肉則是湯汁放少一點，以醬油燉煮收乾湯汁，有點像日本的佃煮料理。紅燒牛肉不是主菜，算是吃

大菜之間用來調整口味的小菜。

⑥醃菜（醬菜）

主要是醃漬蔬菜。以醬油或味噌醃漬茄子、白蘿蔔、小黃瓜等蔬菜，與泡菜為不同菜色。

宮中偏好味噌醃漬的口味。順帶一提，比起與海鮮一起醃漬、作法繁複的泡菜相較，用醬油醃漬的蔬菜給人簡單樸實的印象。話說回來，直到朝鮮王朝時代後期，醬油醃漬的醬菜種類最多。即使是保存食品也不能輕忽味道，品嘗各種不同的美味十分重要。宮中用語也稱為醬瓜。

⑦煎菜（食材裹上蛋液後煎熟的料理）

鐵板油煎料理。將蔬菜、魚、肉切成薄片，沾勻蛋液後下鍋煎熟。宮中別稱煎油花。

⑧生魚片

生鮮海鮮沾醬食用，也有將醬汁拌入生鮮海鮮的吃法。若做成生魚拌醬，使用花枝與鰩魚，拌醋和苦椒醬。也有生拌牛肉，稱為肉膾。肉膾是以醬油拌牛腿絞肉，放上芝麻醬與蒜薄片生吃。

⑨鹽漬海鮮（鹹魚）

日本鯷、白姑魚、明太子、糠蝦、牡蠣等海鮮以鹽醃漬而成的保存食品。鹽漬海鮮不會直接吃，而是先用芝麻油、蒜、蔥等辛香料拌過後再上桌。自古鹽漬就是保存海鮮類食物的加工方法。朝鮮王朝時代之後，鹽漬海鮮不再只是配菜，也當調味料使用。鹽漬海鮮的湯汁富含海鮮的鮮味成分，用手擠出湯汁，即可拿來調味，醃漬泡菜時也是很好的調味料，是宮中常用食材。

⑩脯（肉乾）

將肉、魚調味後曬乾。製作牛肉乾時，先將牛腿肉切成薄片，淋上醬油、蜂蜜、胡椒，搓揉入味後曬乾。

⑪片肉（水煮肉片）

將牛肉塊、豬肉塊放水入中煮軟，再切成薄片。使用油脂較多的五花肉最好吃。牛肉沾醋醬油、豬肉沾鹽漬糠蝦的湯汁食用。

⑫水煮荷包蛋（半熟蛋）

臥蛋。與帶殼水煮的水煮蛋不同，將蛋打入熱水，待其凝固即撈起。

王的餐桌擺了滿滿十二道菜，由於數量很多，因此整體調味較淡，做得較為精緻。

●王的膳食為什麼有十二道菜？

看到君主餐桌上的十二道料理，相信各位都會懷疑「真的吃得完嗎？」。即使君主今天食欲不振，女官還是會準備十二道菜。這麼做是有原因的。

君主的十二道菜不是「為了吃而做」，是「為了看而做的」。這十二道菜帶有「市場販售食材總覽」的意涵。

王的膳食全部使用當季蔬菜、魚類等生鮮食材製成。餐桌上全都是那段期間市場上販售的食物。簡單來說，只要看君主吃什麼，就知道當時韓國各地盛產哪些作物或漁獲。

此外，負責烹煮君主膳食的女官們，也會想盡辦法用上所有當令食材。為此，女官將所有食材分成三大項，構思菜色時從中選擇即可。三項食材如下：

・陸上食材（牛、豬等肉類、蔬菜、果實）
・水中食材（魚、花枝、章魚、海帶芽等海產，河川裡的淡水魚等）

・空中飛的動物（雞、雉等）

料理時只要涵蓋空、陸、水，就能將朝鮮半島的所有食材做成樣品。若料理樣品缺少任何一項，那是驚天動地的大事。舉例來說，夏天如果沒有當季盛產的小黃瓜，代表「小黃瓜生產出現異狀」。

不僅如此，朝鮮半島各地每年會在固定時期進貢特產品到宮中，如果王的膳食中缺少某地特產，即代表該地「有問題」。很可能是饑荒，也可能是叛軍謀亂，君主必須派人前往調查。

簡單來說，君主只要觀察自己的膳食，就能掌握國內的生產狀況，進而了解百姓生活。

因此，君王無須吃完所有料理。事實上，君主只會吃其中幾道菜，迅速解決一餐。韓國宮廷劇《李祘》描述的是第二十二代君主正祖的故事。據說正祖食量很小，每餐只吃三到四道菜。他用小盤子裝菜，吃得不多。

正祖為了改善百姓生活，大膽推動各種改革。吃得少看似其個性勤儉節約，但事實並非如此。他是基於「不奢侈浪費足以養福」的想法刻意減少食量。儘管王的十二道菜可說是農漁牧生產樣本，他也不吃豐盛大餐。站在平民百姓的角度著想，充分表現出正祖的個性。

順帶一提，君主用完餐後，沒吃完的料理不會丟掉，而是變成料理女官們的餐點。女官們只從廚房拿飯，君主吃剩的菜餚由所有女官均分食用。

●十二道菜蘊藏的意義

十二道菜蘊藏著另一個意義。王的膳食是基於陰陽五行思想進行調理。朝鮮王朝以儒教為國教，陰陽五行是儒教思想之一，因此必須積極實踐陰陽五行思想。

陰陽五行思想以陰陽與五行區分世間萬物。陰陽是將所有事物分成陰與陽兩種的想法，五行則是各種事物皆可分成水、金、火、木、土五種要素。陰陽五行說認為這個世界是由陰陽與五行組合而成。

陰陽與五行乍看之下似乎很難理解，卻能充分體現在料理上。一般認為只要吃下代表陰陽五行的食物就能養精蓄氣。有鑑於此，王的膳食蘊藏著為君主身體帶來活力的重要意義。

那麼，陰陽五行如何體現在料理上？接下來就讓我們一起探究。

首先，所有食材都能分成陰與陽。組合不同食材，讓餐桌上充滿陰與陽的食物。

舉例如下：

・白飯／陰
・紅豆飯／陽
・湯1 肉湯／陽
・湯2 魚湯／陰
・燜煮料理／以燒牛肉為例，將牛肉（陽）與白蘿蔔（陰）放入鍋中一起熬煮。
・泡菜／陰
・生菜與溫蔬菜／陰
・燒烤1 牛肉／陽
・燒烤2 蔬菜／陰
・生魚片／陽

・鹽漬海鮮／陽
・片肉（水煮肉片）／陽
・水煮荷包蛋（臥蛋）／陽

以五種味道代表五行：
・酸味
・苦味
・甜味
・辣味
・鹹味
王的膳食涵蓋這五種味道。

此外，五色也是不可或缺的要素，女官必須選用表現五色的食材製作料理。以下簡單舉例說明：

・青（綠色）／小黃瓜
・紅／染成紅色的白蘿蔔
・黃／蛋黃
・白／豆芽菜
・黑／石耳（一種苔蘚植物）

只要根據陰陽與五行的觀點分類食材，看起來就很簡單。

話說回來，遵守各項規定烹煮每天的膳食是一件難度很高的事情。

每天都有各種當季食材送進專門製作君主料理的廚房，因此女官們必須組合不同食材，同時具備陰陽，還要符合五種味道、五種顏色的規定，這個過程相當繁複。而且每天做的料理不能重複，更要費盡心思搭配食材。由於食材組合變化無窮，光是這一點就能創造出無以計數的料理食譜。

如果是現代人，一定會希望用電腦軟體決定今天做哪道菜，但朝鮮王朝時代沒有如此方便的工具，負責料理的女官們必須記住每道菜的繁複步驟。

加上當時根本沒有食譜，所有料理過程必須由資深女官親自傳承給新進女官。廚房的女官從小擔任實習生，要花二十年的時間精進學習才能獨當一面，從龐大的工作量來看，確實需要這麼多時間才能出師。

四、宮裡有哪些飲食禮儀？

●用餐順序

宮中的飲食禮儀規定得十分詳細，手不能拿餐具，所有料理都要放在桌上，以口就食。

桌上有兩根湯匙，一根是用來喝湯泡菜這類沒有油的湯汁，另一根則是用來喝肉湯，不可混淆使用。

最大的特色是飲食方式。根據禮制規定，飯與菜不可以同時吃。現代人常將菜放在飯上，再一口吃進去，這樣的吃法絕不會出現在朝鮮王朝時代。此外，飯與菜也不會同時存在於口中。

當時的規定是，飯與菜要流輪吃。假設先吃一口菜，必須等菜吞下肚，才能吃一口飯，接著等飯吃完，再吃另一道菜……以此順序進膳。

米飯不是用來填飽肚子的，而是用來清除剛剛吃的菜味，恢復原有的味覺。

至於每一口的正確順序，大致如下：

①湯泡菜的湯
②飯
③湯
④飯
⑤料理
⑥重複④～⑤的順序
⑦鍋巴水（泡鍋巴的熱水，當飲料喝）

步驟①到③是為了確認今天的餐點煮得好不好，步驟④以後才是正式吃飯。從哪一道料理開始吃都可以。

最後喝鍋巴水，結束這一餐。

●在宮中，吃飯是溝通的場合

說到君主進膳，很多人都會聯想到王的面前擺著一大桌菜，女官們在一旁服侍，王獨自吃飯的情景。

事實上，君主會與其他王族成員一起吃飯。

首先，想增加機會與王相處的嬪妃（王妃或側室）一定會想盡辦法和君主一起吃飯。嬪妃們會透過女官不經意地邀請君主到她們的宮裡用餐，當君主決定和誰一起吃飯，王的膳食就會被送到該嬪妃的宮中。對嬪妃來說，這是獲得君主恩寵的重要機會。

不僅如此，有時候王也會藉由吃飯的場合，表達對對方的關心。

第十九代君主肅宗的正室仁顯皇后被廢的時候，曾經發生過一件事。

被稱為朝鮮王朝第一惡女的張禧嬪在背後要手段陷害仁顯皇后，肅宗聽信張禧嬪的說詞，將仁顯皇后驅逐出宮。後來肅宗發現仁顯皇后是冤枉的，於是讓她復位。

仁顯皇后回到王宮後，肅宗前往探視，一起吃飯。席間仁顯皇后戰戰兢兢、戒慎恐懼，不敢伸手夾菜，肅宗見狀便拿起碗，要皇后多吃一點。此時肅宗是懷抱著「歉意」與仁顯皇后一起吃飯的。

此外，第二十二代君主正祖因韓劇《李祘》成為家喻戶曉的韓國君王，他也有一段跟用餐有關的小故事。

正祖小的時候，其父親思悼世子受到反對勢力的陷害，被關進米櫃中活活餓死。這件事讓正祖深受打擊，也擔心遭受連坐懲罰。祖母映嬪擔心正祖，特地與他一起睡覺，一起起床吃早飯。

在宮中，用餐時間是王族們關心彼此的重要時間。

五、宮中的宴會料理由誰烹煮？

宮中除了日常進膳之外，還會舉辦宴席。宴席也是重要國事的一環。

事實上，王族在宴席備受禮遇，也帶有接受臣下祝賀的儀式之意。話說回來，宮中宴席真的很多，包括王族的生日、宮裡的節慶儀式，迎接外國使臣的時候也要設宴款待。因此，宮中經常舉辦大型宴會。舉辦宴會的日子，宮中吃的不是日常飲食，而是追加帶有祝賀之意的豐盛料理。據說最多曾追加十次宴客菜。

在這類宴席上，宮廷不能只準備王族的餐點。他們必須在宴會期間持續調理宴客菜，用心款待幾百位賓客，長達數日。

前置作業的規模也很龐大。宮廷會設置臨時廚房，聘請大量廚師製作宴席料理。這些廚師與平時烹煮王族膳食的宮中女官不同，全都是從外面請來的男性廚師。

除了宴席當天享用的宴客菜之外，還有將料理堆成小山供祭拜之用的飯菜，稱為大床。

將料理堆成小山稱為高排。通常高排是將食物盛在盤子裡，堆出高塔造型。堆成小山的料理不會食用，那是利用高度表現君主威嚴的象徵性料理。

大床的做法很有趣。以正常調理法做好大量料理後，由熟稔高排技巧的待令熟手往上堆成圓筒形。

將糯米做成的糕餅和點心往上堆疊，有時會堆出直徑三十公分、高度五十五公分的高塔。不只是要應付形狀不好堆疊的食物，還要像拼花工藝一樣，利用糯米餅與水果顏色組合出喜慶圖案。

不同宴席堆疊的料理都不一樣。舉例來說，除了糯米餅與甜點類之外，還有水煮牛肉片、炒鮑魚、烤牛肉串、烤蔬菜串等，熟菜類也會往上堆。據說要用四十六道料理堆出四十六個三十三公分的高塔。王與王妃的面前堆著四十六座料理高塔，相信那樣的場景一定十分壯觀。

順帶一提，食物堆疊的高度也代表身分的不同。王子、王子妃的料理塔要比王與王妃低一些。排列在大臣面前的料理塔也依等級做出不同高度。

可將難以堆疊的料理堆出紮實的高塔形狀，並依照身分做出不違禮制的料理塔，這些待令熟手全都是具備卓越技術的專業料理人。

六、兩班的飲食規定十分嚴格

●兩班的飲食內容

兩班通常三代同堂，住在大房子裡。他們遵循儒教思想，在家中有嚴格的尊卑順序。由上往下分別是祖父、祖母、父、母、兒子、女兒，父親是家長，擁有家中大小事的決定權。父親也是孝敬雙親的行為典範。

飲食也有上下之分。家長與身分比家長高的人，也就是父親與祖父母享用的料理稱為進止床。身分比家長低的人，亦即母親和孩子們吃的飯稱為飯床。

●兩班的用餐次數與時間

雖然不像宮中有嚴格規定，但基本上一天吃三餐，也就是早餐、午餐、晚餐。如果祖父母早起，吃早餐前也會先讓祖父母吃粥膳。

●兩班的料理菜色

早餐與晚餐皆為九道菜的九楪飯床，內容如下：

・白飯與湯各一

・燉菜湯一

・燉菜湯一

・泡菜三種

・九道菜（溫蔬菜、生菜、兩種烤物、熬煮料理、醃菜、煎菜料理、生魚片、鹽漬海鮮或脯）

與宮中不同的是，白飯與湯各一，沒有水煮荷包蛋（臥蛋）與片肉（水煮肉片）。午餐主要吃麵類。每個人都有自己專用的餐具，以專用餐具盛裝料理，放在膳桌上用餐。

●在兩班家工作的料理人

兩班家有許多奴婢（傭人）處理家事，他們世世代代住在兩班宅邸裡，侍奉自己的主人。

日常飲食由專門煮菜的女性奴婢負責，包括煮飯的飯母、做菜的饌母。兩班家的夫人不會親自做菜，而是在一旁指導監督。

準備料理的過程和宮中一樣，分成廚房和饌房，饌房就在廚房旁邊。在廚房煮好的料理先拿到饌房盛裝擺盤，接著連同膳桌一起端到用餐的房間。

●飲食順序

兩班家族的宅邸分成好幾棟房子，男女分開居住。父親與兒子住的地方稱為舍廊房。母親和女兒則在女性專用的內房起居。祖父母在獨棟的別堂居住。

每到吃飯時間，奴僕們會依以下順序將餐點送到各自的屋子。

・第一組／祖父母、父親
・第二組／兒子
・第三組／女兒、母親

母親要確認所有人都吃過飯了，最後一個才吃飯。

●不把菜吃完的原因

第一組的人吃飽後，剩下的料理是第二組的餐點；第二組吃飽後，剩下的菜由第三組接手。

舉例來說，父親吃剩的菜給兒子吃，兒子吃剩的菜給女兒吃，最後才給母親吃。每個人除了菜之外，都有另外準備的飯、湯與泡菜。只有主菜部分是所有人流輪吃。

這麼做是為了遵循宮中規定。

在宮中，王吃剩的菜由女官們分食，表現出上位者賜菜給下位者的形式。在兩班家族中，則帶有父親賜給兒子的意思。

除此之外還有另一個目的。君主的膳食全都用當季食材製作而成，帶有「農漁牧作物生產總樣本」之意。兩班的菜色雖不到總樣本的程度，但也帶有讓家人確認「家中經濟是否無虞」的意涵。

如果這一餐有牛肉之類的高級食材，代表「現在經濟寬裕，生活無虞」。

由於做好的料理會先送給父親享用，若父親將牛肉全部吃完，便無法將「家裡買得起牛肉」的訊息傳遞給兒子。由於這個緣故，每一組吃飯時每盤只會吃一點，不會將盤子裡的菜吃光，一定會留菜給下一組的人享用。

●兩班的飲食禮儀

兩班的飲食方法也與宮中相同。先喝一口湯泡菜的湯汁，飯與菜要輪流入口，最後喝鍋巴水結束這一餐。

第二十二代君主正祖時代留下的書籍《青莊館全書》中，記載著兩班正餐料理的規矩流程。由於內容繁多，在此只介紹其中一部分。

【男性的注意事項】

・要知道這個世界上還有許多吃不飽的人，因此菜不好吃也不可抱怨。
・遇到再難吃的菜都不可露出嫌惡的表情。
・想將自己吃過的白蘿蔔與小黃瓜分給別人吃時，一定要將自己吃過的那一邊切下來。
・飯與湯還很熱的時候，不可用嘴吹涼。
・喝下鍋巴湯，結束這一餐之後，不可再拿起筷子夾菜。

【女性的注意事項】

・不可用手拿湯碗，轉動湯碗，將湯料全部撈起來吃光。
・不可用手捏取鹹魚的魚肉試味道。
・以菜葉包食材吃的時候，不可包得太大，張開嘴大口吃。
・不可先試吃別人送的食物。
・到別人家參加宴會時，不可吃太多糯米餅與肉。

【小孩的注意事項】

・看到大人吃飯時不可流口水。
・與大人一起吃飯時，若大人還沒吃完，即使自己吃飽了也不可以先離開座位。
・吃飯時不可舔盤子裡的菜屑。
・不可用手抓取鹹魚吃。
・吃飯時不可張嘴大笑。

禁止事項寫得十分詳細，嚴禁的都是我們現實生活中常見，而且總是「忍不住就做了」的行為。從兩班違反飲食禮儀的注意事項中，可充分看出當時用餐的情景。

七、朝鮮王朝的料理殿堂「泡菜」

●泡菜的歷史

朝鮮王朝時代每個人用餐時都會吃的食材究竟是什麼？

第一個聯想到的就是泡菜。從王族到平民，泡菜是所有身分階級的人最常吃的食材。此外，無論生活有多窮，一般百姓的餐桌上絕對少不了泡菜。

現代泡菜的作法完全承襲自朝鮮王朝時代，最具代表性的是醃漬在鮮紅湯汁中的白菜泡菜。

醃漬泡菜時會添加大量辣椒粉與辛香料，形成味道濃郁、顏色鮮豔的紅色湯汁。

事實上，泡菜一開始並不是紅色的。有人認為泡菜之所以變紅，是因為朝鮮王朝時代中期從中國傳入辣椒，從此之後便在製作泡菜時加入辣椒，發展出各種醃漬方法和種類。

話說回來，在辣椒傳入之前，韓國人都吃什麼樣的泡菜？

泡菜的起源可追溯至高句麗、百濟、新羅的三國時代，當時的作法是將山菜、茄子、白蘿蔔等蔬菜灑鹽醃漬。除了鹽之外，也會拌入酒粕或米。

等到冬天便將醃好的泡菜取出，洗乾淨後食用。由於冬天不容易吃到新鮮蔬菜，韓國人才會製作泡菜在冬天享用。

到了高麗時代，除了灑鹽醃漬之外，也出現了將整顆蔬菜泡在鹽水與辛香料裡的作法。這種泡菜會連湯汁一起吃，最具代表性的就是以白蘿蔔製成的湯泡菜。

湯泡菜也是現在很流行的泡菜。

進入朝鮮王朝時代後，泡菜出現了飛躍性的發展。醃漬方法與材料組合愈來愈豐富，總計超過一百五十種。

為什麼泡菜會在朝鮮王朝時代蓬勃發展？

首先，泡菜的主角是蔬菜。蔬菜種類與生產量在朝鮮王朝時代呈現穩定增加的趨勢，於是以白蘿蔔、蕪菁、小黃瓜、茄子與大白菜製成的泡菜陸續登場。

朝鮮半島原本並不適合種植大白菜，隨著農耕技術提升，開始大量栽種。

不僅如此，泡菜用途也產生變化。泡菜原本是準備過冬之用的保存食品，但在朝鮮王朝時代之後，韓國人開始吃以當季蔬菜製成的美味泡菜。例如夏季就吃小黃瓜醃漬而成的泡菜，成為餐桌上不可或缺的料理。

此外，辣椒傳入韓國加速泡菜文化的成熟。辣椒在十六世紀末傳入韓國，成為泡菜的調味料。剛開始除了辣椒之外，還會加傳統辛香料薑與蒜。

到了朝鮮王朝時代後期，開始添加鹽漬魚或鹽漬花枝等海鮮。辣椒可以消除魚腥味，突顯發酵後的泡菜鮮味。至此，泡菜成為用料豐富的豐盛料理。

●醃泡菜的文化

為了準備過冬糧食，韓國人會在初冬季節醃漬大量泡菜，此習俗稱為醃泡菜。醃泡菜始於三國時代，一直傳承至現代韓國。

讓我們一起來看看朝鮮王朝時代如何醃泡菜吧！

準備一整個家族的過冬糧食是極為辛苦的體力勞動。以兩班的大家族為例，一個冬天每人要吃二十顆大白菜，換句話說，必須醃漬超過一百顆泡菜才夠整個家族吃。

一次要醃漬如此大量的泡菜，必須請隔壁鄰居一起幫忙才行。於是女性街坊發揮互助精神，輪流到彼此家中幫忙醃泡菜。

幫忙醃泡菜也有好處可拿。一般平民到貴族人家幫忙醃漬大量泡菜後，可將多餘的鹽水帶回家。由於當時鹽是很昂貴的物資，拿到鹽水就可以在自己家裡醃泡菜，無須擔心鹽不夠用。

●宮裡吃的泡菜

話說回來，宮中如何醃漬泡菜？

首先，宮中使用的材料與一般家庭不同。宮裡有專屬菜田，栽種大白菜與白蘿蔔。每年鮑魚和魚類等各種海鮮的盛產季一到，各地就會定期上貢，這些都是醃漬泡菜的材料。

宮中專門栽種的大白菜品質十分優良，但製作泡菜時會特地挑選好吃的部位。換句話說，宮中不會使用整顆大白菜，會先去除最外面的硬葉與芯的小葉子，仔細挑選中間部分形狀良好的葉片。

接著將葉片切成同樣大小。充分拌勻切好的大白菜、生鮮海鮮、鹽漬海鮮與辣椒粉，靜置醃漬。

醃漬泡菜的甕也比一般家庭小，不過數量比一般家庭多。因應使用食材與發酵時間，使用不同的甕醃漬。這個作法可以在最好吃的時候享用泡菜。獻給君主吃的泡菜，還會特別選擇該甕裡最美味的部分。

宮中的泡菜形狀相當完美，名稱也與民間不同。

蘿蔔塊泡菜（깍두기／kkakdugi）在宮中稱為「송송이」（songsongi）。蘿蔔塊泡菜的語源是切白蘿蔔滾刀塊時發出的叩叩聲，由於宮中切得比較小塊，切的時候發出的聲音接近送送聲，因此才稱為송송이。

●各地泡菜各有不同

朝鮮王朝時代的泡菜使用新食材，發展出各式各樣的種類。不只是像大白菜這類新栽種的蔬菜，也出現了使用當地特產的泡菜。

舉例來說，盛產黃線狹鱈的江原道使用黃線狹鱈製作泡菜。先將黃線狹鱈放在寒風中結凍，接著切成厚片醃漬。此外，山珍海味最負盛名的全羅道，則依海鮮類別使用八十多種鹽漬海鮮作為配料，發展出品項豐富的泡菜製品。

各地氣候也會影響泡菜味道。泡菜屬於發酵食品，氣溫愈高發酵速度愈快。朝鮮半島南北狹長，北部與南部的氣溫差異甚大，泡菜的醃漬方法也有所不同。

比方說，北部泡菜醃汁較多，鹽分與辣椒較少，使用鹽漬海鮮的例子也較少。由於寒冷氣候已經足以延長泡菜的保存期限，因此無須放太多鹽。

南部泡菜醃汁較少，使用大量鹽漬海鮮與辣椒。由於南部氣候溫暖，泡菜容易變質，因此必須放多一點鹽分與辛香料保存食物。

總結來說，北部泡菜較為清爽，南部泡菜口味濃郁。

第4章

韓國料理為何發展成現在的型態？

這些都是一人份？

以上兩張照片都是一人份的餐點。為什麼韓國料理要吃這麼多道菜？且聽我娓娓道來……

一、一起吃才好吃

為了讓韓國料理全球化，韓國最近舉辦了許多活動。其中包括選出一樣最具代表性的韓國料理，推廣至全世界的企劃。這項企劃要從眾多料理中選出一樣可向外國人宣傳的韓國料理，集中各界資源投入宣傳，將韓國料理推向海外。

最後雀屏中選的是石鍋拌飯。韓國政府在海外報紙刊登石鍋拌飯的廣告，在紐約時代廣場大螢幕上播放石鍋拌飯的宣傳影片。話說回來，為什麼韓國政府會選擇石鍋拌飯作為最具代表性的韓國料理？

首先，石鍋拌飯對外國人來說並不陌生，而且使用大量蔬菜，有益身體健康。容易被外國人接受是石鍋拌飯雀屏中選的原因之一，但其實還有更重要的理由。那就是石鍋拌飯包含了韓國人飲食文化中最重要的元素——「一起吃」。這個「一起」有兩個概念，分別是「各種食材一起吃」與「大家一起吃」。

韓國現在的飲食文化可說是成形於朝鮮王朝時代，其中尤以身為統治階級的兩班與王室飲食文化影響最深。不僅如此，朝鮮王朝尊儒教為國教，儒教的統治思想也深深反映在韓國的飲食文化上。

儒教總給人父權較強、獨尊權威，男尊女卑的印象，人倫關係較為保守刻板，但事實上，儒教也很重視和諧。每個人都要扮演好自己的角色，互相支援協調，創造和平盛世，使一切圓滿，這就是儒教的理念。

儘管當時是確立且實踐儒教理念的時代，卻沒有人生而平等的觀念，因此創造了上下關係，並在上下關係中強調每個人自己的立場。

追求和諧的儒教理念也直接影響了飲食文化，儒教認為人的身體若不維持平衡就會失調。為了維持和諧，必須保持陰與陽、五行的平衡。

話說回來，陰陽與五行的理論並非儒教獨有。中國的春秋戰國時代出現了各種流派的學問思想，儒教也是其中之一。後來這些學問化為儒教的一部分，隨著朝鮮王朝建國，成為統治階級的重要理念。

大家都知道，陰與陽是構成宇宙最重要的兩個基本元素，以溫度來說，就是熱與冷；以時間來說，就是晝與夜；以季節來說，就是夏與冬；以人來說，就是男與女。

人體也一樣有冷熱交鋒，當冷與熱保持平衡，就是最健康的狀態。這也是日本常見的觀念。

話說回來，何謂五行平衡？五行是構成世界的五種物質——「木」、「火」、「土」、「金」、「水」。這些物質具有相生相剋的性質，有時互助、有時互阻。「木」生「火」、「火」生「土」、「土」生「金」、「金」生「水」、「水」生「土」，此為相生。「木」剋「土」、「土」剋「水」、「水」剋「火」、「火」剋「金」、「金」剋「木」，此為相剋。

五行也有相對應的方位、顏色與味道。

「土」是一切的基礎，指的是中央的意思，以黃色為象徵。同樣的，「木」是東方與青色；「金」是西方與白色；「火」是南方與紅色；「水」是北方與黑色，以上稱為五方色。上述內容是了解朝鮮王朝，理解韓國文化的重要元素。

朝鮮王朝的衣食住全都是以此為基礎建立的。舉例來說，象徵「土」的黃色在方位上指的是中央，也是最尊貴的顏色。因此，唯有王才能穿黃色衣服。

二、料理中的陰陽五行說

朝鮮王朝的首都漢陽（現在的首爾）是朝鮮王朝開國功臣鄭道傳基於陰陽五行說設計的計畫都市。鄭道傳正是以儒教作為朝鮮王朝統治理念的推手。

若說儒教是朝鮮王朝文化的精神基礎，陰陽五行的理論就是決定如何在生活中實踐儒教理念的基準。

這一點為飲食生活帶來極大影響。人們相信，陰陽與五行透過互相幫助與互相牽制的方式，讓大自然維持平衡狀態。

人體也是大自然的一部分，因此陰陽與五行必須維持平衡，一旦失衡就會生病。總而言之，如何維持陰陽與五行的平衡，便成為朝鮮王朝時代的人維持健康的重要守則。

韓國也有醫食同源的觀念，認為食物等於藥物。這個觀念從朝鮮王朝時代傳承至今，雖是源自中國的思想，但朝鮮王朝的人完全接受這個觀念並嚴格遵守。

只要好好吃飯就無需吃藥，事實上，西方國家也有這個觀念。西洋醫學之父希波克拉底（Hippocrates）也說「讓食物成為汝之藥，汝之藥即為汝之食」、「食物無法治癒的疾病，連醫生也治不了」，由此可以看出食物的重要性。以現代用語來說就是飲食療法。朝鮮王朝時代的人早就深諳飲食療法的道理。

一四六〇年，第七代君主世祖下令編纂朝鮮半島最古老的飲食療法書籍《食療纂要》，介紹一百十一種具有食療功效的料理，可以改善的症狀從中風等重疾到皮膚美容都有。

朝鮮王朝時代的人認為「每天的飲食是健康之本」，這個觀念至今還存在於韓國人的生活之中。韓國人打招呼的方式就是問對方「你吃飯了沒？」，凡是關係稍微親近的人，都會用「你有好好吃飯嗎？」這句話來關心對方的近況。看在其他國家的人眼裡，這種問法有些奇怪，但事實上，韓國人習慣問對方是否吃過飯。

韓國人問的不單單只是吃過飯了沒，而是想了解對方是否健康，生活是否安逸。韓國人就是如此重視飲食，這也可以說是從朝鮮王朝時代傳承下來的習慣。

正因為重視飲食，朝鮮王朝時代的人在飲食中十分講究陰陽與五行的平衡。天氣熱的時候要吃熱食，天氣冷的時候要吃冰冷食物。深受日本人喜愛，最具代表性的韓國滋補料理人參雞湯就是最好的例子。

盛夏時節會有三次伏日，韓國人這一天必須吃人參雞湯與各種滋補食物，好好進補。日本「在土用丑日吃鰻魚」的習俗也是基於五行思想。伏指的是陰氣迫於陽氣而藏伏，為了度過夏天、迎接秋天，人們必須先在伏日養足精力。

人體在夏天會將陽氣排出體外，導致體內只剩陰氣，因此必須在炎熱的夏天吃陽性的熱食，才能養足精力。正因為體內只剩陰氣，夏天經常容易腹瀉，所以需要能從體內溫熱身體的食物。相對的，冬天要吃冰冷食物，適度維持體內陽氣。朝鮮王朝的人認為，陽氣與陰氣必須適度共存於體內才能維持健康。

同樣的，五行平衡也很重要。透過飲食維持「木」、「火」、「土」、「金」、「水」氣的平衡，就能守護健康。五行不只是方位與顏色，也是味道。亦即「酸」、「苦」、「甜」、「辣」、「鹹」五味。「木」是酸、「火」是苦、「土」是甜、「金」是辣、「水」是鹹。

朝鮮王朝的人相信五味與五色一起吃才是健康飲食。正因如此，韓國傳統料理中有許多混合各式食材與調味料的菜色。

三、祭祀對於料理的影響

韓國料理使用許多食材。除了主食材以外，還會添加各種配料，就連調味也會加許多材料和調味料。韓國料理最常使用的各種醬汁和調味料統稱為藥念。顧名思義，將醬汁和調味料加在食材中，就能讓料理變成藥。

組合食材與藥念時要注意利用五味與五色維持健康，因此必須強調其中一色與一味，以獲得藥效。舉例來說，感覺肺部或氣管有問題，應選擇有助於肺部健康的白色食材。因此，感冒或咳嗽時要多吃白蘿蔔，亦可削水梨來吃。

肝臟功能衰弱，應多吃菠菜與韭菜等綠色蔬菜，並添加酸味調味料。韓國人認為在五色與五味中，青色和酸味對肝臟有正面影響。

因連續劇聲名大噪的朝鮮王朝時代名醫許浚，寫了一本醫書，名為《東醫寶鑑》。

該書記載許多可與藥材一起食用的蔬菜、海鮮、肉類等資訊。不僅標註藥材與食材屬於熱性或寒性，也註明味道。這些就是該藥材與食材具備的陰陽五行特質。

許浚根據朝鮮王朝人民的體質與風土，將中國傳入的漢方轉化為適合朝鮮半島的「漢方」，開拓出一條新的道路。

除了從事朝鮮王朝新時代的醫學研究，他也為了無法隨時接受醫師治療或服用藥物的平民百姓，推廣全新保健法。教導民眾如何利用日常可見的食材與藥草治療疾病，維持健康。當時陰陽五行的理論早已深植民間，因此許浚在解說保健法時，大量運用陰陽五行的理論。

朝鮮王朝的人將許浚傳授的知識運用在日常飲食中，為了補足陰陽五行的氣，他們使用許多食材，添加五味的藥念調味食用，維持體內陰陽五行的平衡。這就是朝鮮王朝的料理偏好添加大量食材與調味料，「一起」食用的原因。

石鍋拌飯最能體現韓國料理「一起吃」的特色。不瞞各位，韓國人不認為石鍋拌飯是一道料理。米飯是天天吃的主食，韓國家家戶戶的冰箱裡隨時都有兩到三種涼拌蔬菜，苦椒醬與芝麻油也是常備調味料。將家裡有的食材拌一拌就叫做料理，讓韓國人覺得有些過譽。因為對韓國人來說，當他們不想做菜，就會把苦椒醬、芝麻油拿來拌冰箱裡的小菜與飯，根本沒有「料理」的過程。不過，為了隨時都能吃到省時省工的石鍋拌飯，家裡必須隨時準備各種涼拌蔬菜。

話說回來，韓國每個家庭冰箱裡隨時都準備著兩到三種以上的涼拌蔬菜，也會利用涼拌蔬菜變化出各式料理。如此一來，隨時都能「一起」品嘗豐富食材與各種味道。從朝鮮王朝時代延續至今的料理有一個最大特色，那就是透過飲食守護大自然與健康。

提到朝鮮王朝時代的料理特色，絕對不可忽略的另一項要素就是祭祀。祭祀是供養祖先的儀式，對於朝鮮王朝的飲食文化有很深遠的影響。

對現代韓國人來說，祭祀仍是很重要的儀式。一般家庭會在雙親、祖父母、曾祖父母的忌日準備供品祭拜。此外，相當於日本中元節的秋夕與農曆正月也會舉辦盛大的茶禮祭典。茶禮是供養祖先的祭典，比一般祭祀盛大隆重。總計起來，韓國人每年至少要舉行六次供養儀式。

重點在於祭祀時的料理。韓國人不像日本人，準備故人愛吃的一、兩道菜即可。即使是一般家庭，至少也要準備四種當季水果，還有柿子乾、棗乾與栗子。此外，

還要準備三種顏色的涼拌蔬菜，至少各兩種肉類與魚類料理、至少四種煎餅（전）、兩種以上的傳統點心。當然也不能缺少飯與羹（料很多的湯）。秋夕要準備松餅、正月還要準備年糕湯。以上是一般家庭最簡單的祭祀料理。

祭祀流程與供奉料理依地區與家庭而異。祭祀從朝鮮王朝時代傳承至今，對現代的韓國主婦造成極大壓力，甚至有人因此離婚。

祭祀是朝鮮王朝時代最重要的祭典，金屬餐具也是受其影響留下來的用品。韓國人平時使用金屬筷與金屬湯匙，這一點在亞洲國家十分罕見。

現代的金屬餐具幾乎都是方便便宜的不鏽鋼製品，但朝鮮王朝時代是以黃銅（鍮器）與錫合金金屬製成的。朝鮮半島自古就使用金屬餐具，但由於不容易大量生產，價格昂貴，因此金屬主要使用在祭祀用具上。直到進入朝鮮王朝時代，技術提升得以大量生產，一般餐具才開始使用金屬製作。

提到朝鮮王朝時代的餐具，一般人聯想到的是白瓷等陶瓷餐具。事實上，鍮器才是最貴重的餐具。陶瓷餐具主要是庶民使用，兩班等貴族偏好鍮器。鍮器保溫性佳，也具有殺菌效果，是頗受歡迎的高級餐具。

由於朝鮮王朝時代重視祭祀，因此家家戶戶都有祭祀專用的器具。以製作貴重祭器的黃銅拿來製作餐具，造就了獨特的金屬餐具文化。

四、儒教養成的肉食習慣

朝鮮王朝重視供養祖先的觀念，發展出獨特的飲食文化，著重湯品與肉類料理。韓國有許多湯類料理，包括與飯一起搭配，以喝湯為主的羹；還有同樣與飯一起搭配，以享受湯料為主的燉菜湯；以及邊煮邊享用的火鍋等種類。依照使用食材與調味，發展出無可計數的湯類料理。

善用有限食材，餵飽更多人的觀念，是韓國發展出無數湯類料理的原因。當然，食物在當時的生活環境中是很珍貴的物資，這一點也是不可忽略的重點。更重要的是，朝鮮王朝時代經常舉辦邀集眾人一起列席的祭典儀式，這樣的生活文化也深深影響了料理型態。

最好的證明就是韓國湯品大多添加肉類食材。在此之前，直到高麗時代為止，朝鮮半島篤信佛教，肉類料理並不興盛。隨著朝鮮王朝時代以儒教為國教，肉類料理開始蓬勃發展。

牛等家畜在朝鮮王朝時代是很珍貴的家畜。尤其牛隻又是農業的重要勞動力，因此在朝鮮王朝時代初期曾經禁止宰殺家畜。不過，舉行祭祀等祭祖或祭神儀式時需要牲醴，於是允許在祭祀期間宰殺家畜。為了讓更多人吃到難得的肉類食材，才逐漸發展出各種湯類料理。

先農湯就是最好的例子。先農湯是長時間熬煮牛骨與各部位牛肉而成的湯品，如今已是最常見的韓國湯類料理。先農湯的起源眾說紛紜，最有名的說法是祭拜農業之神「神農氏」（先農祭）時，要讓所有參與者一起分食作為牲醴的牛肉，於是煮成牛肉湯供眾人食用。

先農湯的名稱取自神農氏的韓語發音「신농씨」。將煮好的牛肉湯分給參與祭祀的所有人享用，凝聚與會者的向心力。大家一起吃鍋的習慣至今依然保留著，儘管有人認為這樣的飲食方式不衛生，有些韓國人不喜歡眾人一起吃火鍋，但大多數人還是

習慣這種吃法。

此外，隨著湯類料理愈來愈多，湯匙成為韓國人一定會用的餐具。基本上，亞洲國家都用筷子吃飯，唯有韓國同時使用長柄湯匙。中國雖然也有調羹，但不像韓國人用長柄湯匙那麼頻繁。

只有韓國吃飯時不用筷子，而是用湯匙。而且每餐一定有湯，為了喝湯與吃湯料，才會如此善用湯匙。

就像日本人喜歡吞蕎麥與烏龍麵的感覺，韓國人偏愛熱湯通過喉嚨的口感，他們認為這也是料理美味的一環。

不過，韓國人喝湯的反應十分有趣。韓國人喝熱湯時會說「好涼喔」，泡熱水澡時也會說「好涼喔」。他們說的不是實際溫度，而是受到舒服刺激時表現出來的獨特反應。無論如何，喝熱湯有「涼」的感覺，似乎是韓國人特有的感受。

五、還是「家常菜最棒」！

除了湯以外，朝鮮王朝時代的肉類料理也很多樣化。當時的人只有祭祀時才有機會吃到肉（牲禮），因此只要是能吃的部位絕對不放過。韓國有一句俗諺說「吃完牛連殘渣都不剩」，意思就是牛全身上下都能吃。根據知名文化人類學者的說法，指稱牛各部位的韓文單字多達一百二十個，是全世界語言中最多的。

就連公認味覺最發達的法國，也有只三十五個法文單字與牛的各部位有關。朝鮮王朝的人不只吃牛肉，連牛的內臟、骨頭、軟骨、脊隨和牛角骨質都不放過。直至今日，韓國料理中以牛骨製作的料理超過四十道。朝鮮王朝時代的烤肉不只以調味區分，加上燒烤方式的不同，共有十五種味道上的定義。當時的人們愛吃肉的習性由此可見一斑。

不過，朝鮮王朝的人主要的副食不是肉，而是蔬菜。尤以山菜居多。家喻戶曉的韓國料理涼拌蔬菜就有六十種以上，這些涼拌蔬菜都有各白的療效，可配合健康狀態選擇食用。從肉類料理到涼拌蔬菜皆使用大量食材，也是朝鮮王朝的料理特色。

調理豐富食材時，必須視實際狀況挑選調味料與醬汁。誠如前方所述，朝鮮王朝時代的人做菜時重視陰陽五行的平衡，添加藥念調味，其基礎就是醬。醬是醬油、大醬（味噌）、苦椒醬（辣味味噌）、清麴醬（納豆）等韓國傳統發酵調味料的統稱。以黃豆發酵製成的調味料始於中國，經由朝鮮半島傳入日本，並在各國發展出獨特醬料。

從古至今，朝鮮半島的家庭會自製各種調味料，這是醬最大的特色。直到最近幾十年出現醬料產業，才改變了韓國人的生活習慣。一般家庭直到三十年前還親自釀造醬油、大醬與苦椒醬。由於這個緣故，每個家庭的醬都有自己的味道。對家庭主婦來說，在家釀造醬是一件很重要的工作，因為醬的味道代表一個家是否平安穩定。

從與醬有關的俗諺，可以看出朝鮮半島的人最在意哪一點。「試過醬的味道後，把女兒送到對方家裡」、「娶了好媳婦，家裡的醬也變好吃了」、「從酒的味道了解地方政治，從醬的味道了解一個家」、「破碎的家從醬的味道開始變質」、「不安的家庭醬的味道也變苦」……類似這種從醬的味道評估一個家的俗諺不勝枚舉，充分表現出朝鮮半島的人們最重視的觀念。

朝鮮王朝時代家家戶戶都有醬缸台，這是用來擺放醬缸（甕）的地方。醬缸裡全都是各種正在發酵的醬。做好的醬放入專用的甕發酵，甕的表面有細微小孔，最適合保存發酵食品與食材。醬缸台擺放著各種發酵期間不同的甕，醬缸台與廚房是家庭主婦最重要的工作場所。婆婆將米倉的鑰匙和醬缸台的管理權移交給媳婦，代表著世代交替的意義。

朝鮮王朝時代的家庭主婦還有一件與親自釀醬同樣重要的工作，那就是做泡菜。為了度過寒冷漫長的朝鮮半島的冬季，泡菜是不可缺少的保存食物。受惠於秋收，米之類的穀物主食過冬不虞匱乏，但蔬菜等副食一旦入冬就很難買到，因此必須事先準備好保存食物。其中最具代表性的就是泡菜。

現代韓國人也會在入冬之前製作大量泡菜，這項習俗形成知名的醃泡菜季。只要進入醃泡菜的季節，不只家家戶戶關心，電視台也會連續幾天報導醃泡菜所需的蔬菜等物價變動。雖然現在市面上也有許多工廠大量生產的泡菜製品，但還是有許多韓國人只吃自家醃製的泡菜。

無論是調味料的醬或當小菜吃的泡菜，韓國人全都喜歡自己家裡做的。對他們來說，家常菜是最豐盛的大餐。韓文的「가정요리」是家常菜的意思，韓國人常說「家常菜最棒！」，這句話就跟日文的「媽媽的味道最好！」是一樣的意思。

話說回來，韓國人對家常菜的眷戀絕不是小時候的回憶那麼簡單，許多人一定要吃媽媽做的菜，因此大多數人喜歡在家吃飯。

只要觀察餐廳的客人，會發現大多數客人都是兩人以上一起吃飯。韓國人只要沒有公司聚餐這類不得不出席的應酬場合，通常不會在外面的餐廳吃飯。他們認為飯是要在家裡吃的。

此外，韓國人討厭一個人吃飯。或許是因為韓國人從小就習慣與家人一起吃飯的關係，他們喜歡一邊聊天一邊吃飯。韓劇裡經常出現家人一起吃飯的場景，也是基於這個理由。

劇中人物總是一邊吃飯一邊溝通事情，家人一起吃飯是韓劇一定會出現的場景。這一點也表現出韓國人喜歡吃家常菜，習慣在飯桌上溝通聊天的特性。

如今愈來愈多韓國人離家獨居，外食機率也愈來愈頻繁。儘管如此，許多人還是只吃家裡寄來的泡菜等小菜，只用家裡自己做的醬。

六、國王斷食的意義

韓國人將保存期限較長的常備菜稱為「밑반찬」。「밑」是下的意思，「반찬」是小菜的意思。加起來的意思是整桌菜中地位最低的菜。換句話說，就是最基本的配菜。

韓國人每次吃飯都要端出好幾道菜，這是自古以來的習慣，朝鮮王朝時代還以身分階級決定每餐能吃的料理數量。

基本上，韓國料理不像西方的套餐一道道依序上菜，而是一次將所有料理與小菜端上桌。

一次上齊所有菜意味著同時使用大量餐具。日本料理與西餐會依每道菜的特性，搭配形狀、顏色與材質皆不同的餐具。但一次上齊所有菜的韓國料理，必須使用相同餐具，因此，韓國的餐具從小碗、大碗到盤子，全都使用同樣顏色與材質製成。

此外，韓國料理不僅菜色數量多，分量也很多。外國人每次到韓國餐廳吃飯，總是會被滿桌的小菜和料理嚇得瞠目結舌。韓國式的待客之道就是上滿整桌菜，讓客人忍不住擔心自己能不能吃得完。

韓國人認為端出的料理太少可能會不夠吃，站在主人的立場，也會多盛一些菜，避免賓客吃不飽。這種心態不是最近才有，早在朝鮮王朝時代，每一餐的料理分量就很多。當時的人食量很大，而且朝鮮王朝時代的庶民平時只吃早餐與晚餐。遇到工作量較大的夏天，會依情形增加一餐，但一般來說，一天只吃兩餐。不過，兩班階級不同，他們生活無虞，有時甚至一天吃七餐。

早上起床先在臥室裡吃粥，這一餐不算早餐。之後才悠閒地吃早餐，正午時分吃一些簡單的輕食，例如酒與麵。中午吃午餐，下午再吃一些輕食，傍晚吃晚餐。到了夜裡還會喝酒吃消夜，總計吃七餐。不管怎麼說，用餐次數真的很驚人。

庶民只吃兩餐，但每餐分量都很多。朝鮮王朝時代後期用來盛飯的碗，比現在使用的大三倍以上。

當時就連鄰國也知道朝鮮王朝的人都是大胃王。朝鮮王朝時代後期的某位學者曾留下這樣的紀錄：「琉球民眾認為朝鮮王朝的人太會吃，使得國力衰退。」

事實上，朝鮮王朝的官員中也有人擔憂人民吃太多對國家造成的傷害。他認為奢侈之風會使國力衰退。此外，曾經造訪中國明朝或日本的朝鮮王朝官員，也在官方記載中感嘆表示：「他們的飯碗很小，只能吃一點飯。」

在其他國家的史料中，也能看到「朝鮮王朝的人都是大胃王」這類的文字描述。造訪朝鮮半島的西方傳教士對於此景象感到不可思議，他們談論到自己對於各地的印象時，對朝鮮半島的評語是「這裡的人都很會吃」。或許從基督教的教義來看，朝鮮半島民眾的大胃王形象顯得不太正常。

話說回來，從這一點也能看出當時朝鮮半島的農業生產率相當高。由於這個緣故，身為絕對王權國家的朝鮮王朝才能發展出輝煌的宮廷料理。不過，君上在宮中並非每天大魚大肉。有時王也要透過飲食表達自己的意思。

比方說，王會基於國家狀況或政治理由減少用餐次數，甚至完全斷食。尤其是當國家遇到災難等重大變故，就會減少料理種類或用膳次數。此外，遇到連日洪水或乾旱時也會不吃肉，實施「撤膳」制度。

此制度起源於「天人感應論」，亦即人類社會發生重大事件是上天給予的警告和懲罰。因此當國家發生變故，代表國家的王就要斷食向上天謝罪，表現與人民一起承受苦難之意。

不僅如此，君主也會為了向臣子抗議而不吃飯。簡單來說，王的大絕招就是絕食抗議。

事實上，君主經常受到臣子們的牽制。大家可能以為君主想做什麼就做什麼，但儒教認為格君心之非才是真忠義，因此朝鮮王朝的王無法隨心所欲。

此外，位於統治階級的兩班貴族認為「王代表天意，但違背天意之王非王。」不可否認的，朝鮮王朝政治上的最終決定權握在王的手中，但在健全的統治結構中，若沒有官僚的協助，光靠王的個人決斷，什麼事也做不了。說得更具體一點，只要面臨政治問題，王一定要與臣子們溝通解決，因此遇到意見相左的時候，王就會採取激烈的絕食手段抗議。

無論如何，朝鮮王朝的王擁有絕對的權力。王為民之父，國之主人，是決定領土內所有事物價值的存在。有鑑於此，王的飲食生活會直接影響國內整體的飲食生活。

七、有名的王平時吃什麼？

朝鮮王朝第三代君主太宗是鞏固至高王權的推手，他不僅建構完善的政治組織治國，也基於維持陰陽五行平衡的觀念確立宮中料理的基礎。太宗訂定的宮中料理原則直接傳承至兩班階級，後來普及於民間，成為往後五百年的料理基礎。

不過，太宗的兒子，也就是第四代君主世宗不注重飲食。被後世奉為聖君且深受世人喜愛的世宗，自幼博學好聞，總是一邊看書一邊吃飯，但他只愛吃肉，討厭運動，三十幾歲就得了糖尿病。此外，也因為政務繁忙，心力交瘁，承受極大壓力，罹患各種疾病。不僅如此，他推行的政策遭受群臣反對，為了貫徹意志，他絕食抗議了好幾次，因此危害健康。

推翻侄子奪取皇位的第七代君主世祖，比其他君王重視飲食。世祖武功高強，平日就很注重均衡的營養。他雖然對軍事與法學等具有實用性的學問很感興趣，但特別獎勵出版飲食相關書籍，獲得不錯成效。受到這些書籍的影響，在他的治理之下，包括調理方法、發酵方法、食物保存法與蔬菜育種學等方面皆有十足的進展。從這一點來看，世祖對於朝鮮半島的料理發展有莫大的貢獻。

朝鮮王朝的飲食理念經過幾代君主的研究發展逐漸開花結果，但到了第十代君主燕山君卻面臨嚴峻挑戰。

燕山君是朝鮮王朝最惡名昭彰的暴君，其瘋狂的舉動也反映在飲食生活上，他愛吃山珍海味，嚴重偏食。朝鮮王朝認為外國食材過於奢華，過去的君王一直禁止食用，但燕山君不理會祖宗的規定，不斷引進外國食材。

燕山君愛吃生肉，其驚人的食慾相信現代人看到也會嘆為觀止。根據文獻資料，燕山君曾經吃下鹿的尾巴與舌頭、海龜、海豚、牛隻胎兒、白馬生殖器、蚯蚓等。

此外，實施「撤膳」制度是王的義務，燕山君卻完全推翻，也不管料理哲學的基礎，也就是陰陽五行說。在飲食方面，燕山君也是不折不扣的暴君。

第二十一代君主英祖則是與燕山君完全相反的明君。

英祖是個自律甚嚴的君主，飲食上也嚴守規定。他幾乎不喝酒，年紀大了就不吃肉。君主一天至少用四次膳，但他減至三次，還減少料理分量。在歷代二十七位君主中，只有英祖享年超過八十歲。正因為他嚴格控制飲食，才能如此長壽。

英祖的孫子正祖踏上了截然不同的道路。正祖就是韓劇《李祘》的主角，是韓國有名的君王。他從十幾歲就遭到政敵鎖定，性命危在旦夕。二十四歲即位為王後，也好幾次遭到暗殺，幸好最後順利脫險。或許是承受極大壓力，正祖嗜酒又愛抽菸，不過他飲食方面相當簡單，捨棄繁瑣的正餐，經常吃一碗石鍋拌飯了事。

中年以後罹患眼疾與皮膚病，看起來比實際年齡老十歲以上。

年輕時的正祖熱愛射弓，也擅長騎馬，沒想到最後因壓力過大，四十八歲便殯天。

接下來關心一下王妃的飲食情形吧！受到儒教影響，朝鮮王朝時代的女性最重要的職責就是守護家門、傳宗接代。王妃更是背負誕下王儲、養育未來君主的重責大任。由於這個緣故，王妃每天努力不懈，最重要的就是胎教。

朝鮮半島沒有零歲的概念，他們認為胎兒也是一個完整的人格個體。胎兒在媽媽的肚子裡也會受到外在的刺激與資訊影響。有鑑於此，基本上胎教就是不看不聽刺激的事物，多聽悅耳的聲音，多看美好的事物。

王妃懷孕後也有獨特的胎教之道。將蕪菁的種子經過三次蒸熟乾燥加工，再磨成粉放入粥裡，讓王妃天天吃。蕪菁有益五臟，讓身體變輕，增加氣力。

為了讓胎兒更聰明，王妃懷孕後要多吃添加竹筍、海參與鮑魚的料理。朝鮮王朝時代的人相信竹筍含有的成分可活化大腦，將竹筍泡在蜂蜜裡製成「蜜煎」，可當成點心供王妃食用。鮑魚內含的成分有助於促進胎兒的視力發展，因此也是不可或缺的食材。

此外，海鞘、大蒜、胡椒、糯米、棗子也是王妃常吃的食物。其中最常吃的食物是石耳，多吃可以產下身強體健的孩子。

王與王妃的飲食不只是為了攝取營養，享受美味，還要完成自己的職責。

朝鮮王朝時代的料理從食材中找到大自然的道理，當時的人接受這個道理，打造理想的身體。這一連串過程讓人體認到人也是大自然一部分的哲學。

第5章 從王宮到民家！朝鮮王朝時代的住居

王宮是夢幻仙境！

首爾觀光最引人注目的就是參觀王宮。造訪王與王妃的住居，處處都是令人驚喜的發現。

一、王宮大多在都城的理由

朝鮮王朝建國於一三九二年，三年後開始在都城漢陽（現在的首爾）興建景福宮。自此，除了一小段時期之外，景福宮一直是朝鮮王朝的正宮，長達兩百年。一五九二年，日本豐臣秀吉率領軍隊攻進都城，燒毀景福宮，之後並未重建，直接廢棄。取代景福宮正宮地位的是王族們為了展示自己的權勢，自行興建的多座離宮。

首先來看昌德宮。昌德宮是朝鮮王朝歷代君王中，展現最強王權的第三代君主太宗興建的離宮。昌慶宮的前身是有朝鮮王朝最強聖君美譽的第四代君主世宗，送給父親太宗的宅邸，後來成為離宮。

德壽宮原本是第九代君主成宗送給兄長月山大君的私宅。成宗覺得自己身為弟弟，竟跳過哥哥成為君主，對哥哥感到虧欠，因此準備了豪宅送給哥哥，讓哥哥維持富裕的生活。這座私人宅邸後來擴建，成為德壽宮。此外，慶熙宮原先是初代君主太祖的私宅，後來擴建成豪宅。在第十五代君主光海君的治世時代又大幅整建，當王宮使用。

包括景福宮、昌德宮、昌慶宮、德壽宮與慶熙宮在內，並稱五大古宮，成為現代首爾的觀光重點。

從歷史發展來看，歷代君王會因自己的喜好遷移正宮，不過，第二十二代君主正祖發生過一段有趣的小故事。

正祖於一七七六年即位，他很喜歡慶熙宮，不僅在此執行政務，更當成住居使用。一七七七年，發生一群殺手潛入慶熙宮，欲奪取正祖性命的暗殺事件。幸好最後正祖平安脫險，這起事件也讓近臣們發現慶熙宮狹小，即使戒備森嚴，宵小仍然容易入侵，因此向正祖建言，遷進昌德宮。正祖接受臣下的建議，在昌德宮完成修建後遷居。由於這個緣故，昌德宮成為正祖治世的正宮。

到了一八六五年，正宮再度擴建。當時是第二十六代君主高宗在位期間，但最高掌權者不是高宗，而是他的父親興宣大院君。興宣大院君將廢棄了兩百七十年的景福宮重新翻修，由於工程浩大，百姓被課以沉重賦稅，感到強烈不滿。儘管如此，景福宮仍舊順利完工，重新復活，再次成為政治中心。重建後的景福宮一直傳承至今，穩坐五大古宮的正宮地位。

二、王宮的整體樣貌

欣賞韓國宮廷劇會看到君王在眾多僕役簇擁下，行走宮內各處的場景。無論是與大臣們開會、在執行政務的宮殿處理國家大事、用餐，或是與王妃或側室談笑閒聊，君主要做的事情相當多。從這些場景不難看出，君王每一天都過得十分忙碌。

令人玩味的是，君王在宮中各處行走時，各宮殿的相關位置又是如何？王宮內有哪些宮殿廳室，又設置在哪些地點？

作為政治中心的正宮，通常是由兩百到三百棟建築物組成。這些建築物分成六大區劃，如下所示：

・外殿

國王與高官會面，執行政務的場所。位於正門和內殿之間。

・內殿

國王與王妃實際居住的地方。

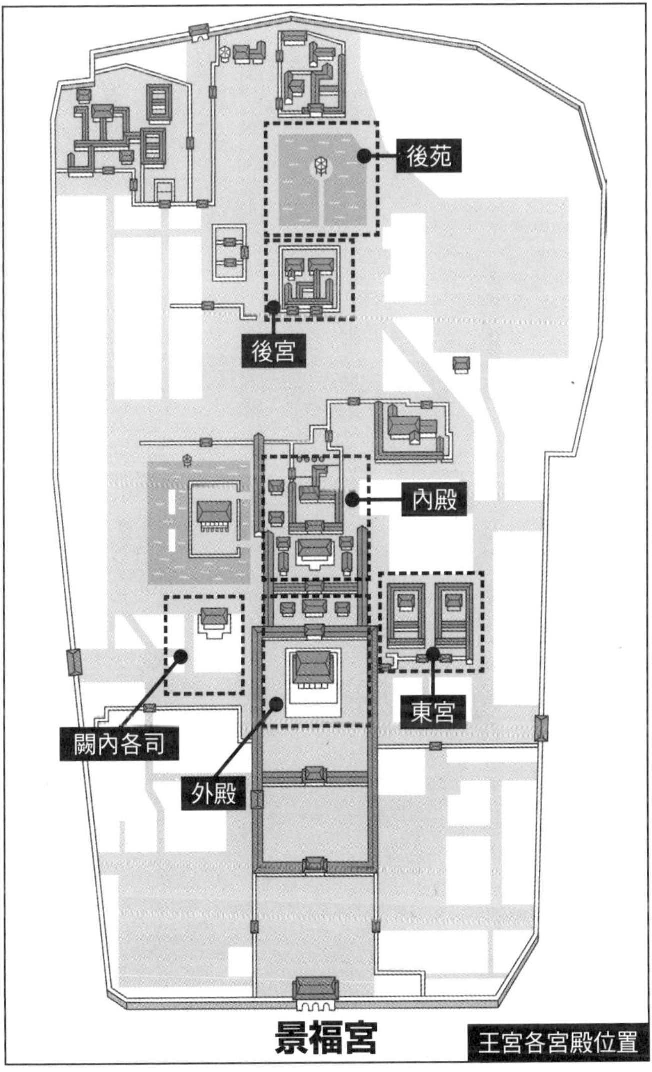
後苑
後宮
內殿
東宮
闕內各司
外殿
景福宮
王宮各宮殿位置

・東宮

位於外殿與內殿的東邊，是世子（王位繼承人）的居所。

・闕內各司

在王宮內活動的各級官員執行政務的辦公廳，大多位於王宮西側。

・後宮

側室與宮女的住所，位於內殿後方。

・後苑

王族的休憩場所。位於王宮最後方。

王平時生活在內殿，視實際需求前往外殿或後宮。想放鬆心情時，就到後苑散步休憩。

此外，王幾乎不去世子所在的東宮。基本上是由地位較低的世子，前往拜見君主請安。

三、一探王宮的各宮殿設施

●外殿

無論哪座王宮，外殿的主殿皆為正殿，也是從正門進入後第一個建造的宮殿。正殿是君主舉行即位大典，接受臣下朝拜的地方。有外國使節到訪時，也會在此處舉辦迎賓儀式。

從這一點來看，外殿是王宮最重要的建築物。

景福宮的正殿為勤政殿、昌德宮是仁政殿、昌慶宮是明政殿、德壽宮是中和殿、慶熙宮是崇政殿。

從外觀來看，正殿建築物高達好幾層樓。內部為挑高空間，君王寶座鎮守在宮殿中央。

此外，正殿旁有一棟王與高官一起執行政務的宮室。以景福宮為例，就是思政殿；昌德宮為宣政殿。

第四代君主世宗治世時期，內閣每天早上都在思政殿召開「常參」會議，世宗從未缺席，勤政勤勉的態度不負聖君之名。

●內殿

內殿的中心是寢殿。寢殿是王與王妃日常生活的地方。王的寢殿在景福宮稱為康寧殿、昌德宮為熙政堂。王妃的寢殿在景福宮是交泰殿、昌德宮是大造殿。

此外，昌德宮的熙政堂是第二十三代君主純祖的兒子孝明世子逝世的地方。孝明世子聰明伶俐、博學多聞，絲毫不輸給其祖父正祖。若由他即位，絕對會成為一代明君，可惜天妒英才，二十一歲便撒手人寰。

如果孝明世子能活久一點，絕對會為十九世紀前半的朝鮮王朝帶來改革新象，創造輝煌成就。無奈天不從人願，朝鮮王朝的政治態勢日益腐敗。由於這個緣故，許多人對於孝明世子無法登上王位這件事感到無比唏噓。

昌德宮的大造殿既是王妃的住所，也是朝鮮王朝宣告落幕的舞台。話說一九一〇年，朝鮮王朝接受日韓合併，在大造殿的附屬宮殿舉行最後一次的高層會議。簡單來說，朝鮮王朝在此決定其成為殖民地的命運。當時簽約的宮殿於一九一七年發生火災，燒毀殆盡。

●東宮

東宮指的是與世子有關的宮殿群。

無論哪座王宮，世子居住的地方皆興建於王宮東邊，這是因為世了就像東升的太陽。換句話說，太陽升起的東邊是吉祥的方位。一般稱世子為東宮也是這個原因。景福宮的東宮也位於東邊，世子夫妻生活的地方稱為資善堂，世子執行政務與學習的地方稱為丕顯閣。

朝鮮王朝時代在東宮設置侍講院與翊衛司等官方機構，前者是世子接受教育的講堂，後者負責舉辦儀式、執行護衛工作。不過，現在的景福宮並未重建這些機構。

●闕內各司

負責管理朝鮮王朝政治事宜的官方機構位於王宮的內外兩側。位於外側的機構稱為「闕外各司」，位於王宮內的機構稱為「闕內各司」。以景福宮為例，正殿勤正殿的西邊就是闕內各司。為了就近輔佐君主，基本上闕內各司皆設置在鄰近外殿的地方。

景福宮在第四代君主世宗的治世時期將王宮功能發揮到最極致，闕內各司的各機構一字排開，場面甚是壯觀。但如今只重建修政殿，其餘機構皆未重建。修政殿亦是世宗創制韓字的集賢殿。

另一方面，昌德宮的闕內各司位於正殿仁政殿的西側。其中之一是第二十二代君主正祖推動政治改革的奎章閣。

奎章閣原本是保存歷代君主詩文與親筆文字的王室資料室，正祖將此處作為政治革新與文藝復興的場所，邀集各界人才齊聚一堂。從這一點來看，奎章閣可說是正祖治世的象徵。

現在的奎章閣是二〇〇〇年到二〇〇四年重建的新宮殿。

●後宮

朝鮮王朝的「後宮」指的是君主的側室。朝鮮王朝前期的王約有十名左右的側室，因此需要數量相當的宮殿。這些宮殿興建於內殿後方。在王宮工作的宮女也大多住在內殿後方。某種程度上，後宮一帶都是女性住的地方，平時十分熱鬧。現在的景福宮後宮僅存咸和堂與緝敬堂。

●後苑

朝鮮王朝的王宮在最後方建造了一整片傳統庭園。由於地理位置的關係，一般將庭園稱為後苑。

後苑原本是王與王妃散步、休憩的地方，也是王宮內大自然景緻最豐富的場所，因此王與王妃會在此舉辦宴會、賞花、乘船遊覽等各種活動。此外，王會在庭園種植穀物，體驗務農生活；王妃則在此養蠶。由此可見，後苑的用途相當廣泛。

昌德宮的後苑從二十世紀後還有一個特別的稱呼，稱為「祕苑」。由於後苑是一般人禁止進入的地方，加上後苑總是給人「充滿謎團的庭園」印象，因此得名。

雖然現在已經對外開放，但謝絕個人旅客，必須團體旅客申請才可進入參觀。

四、令人驚豔的兩班宅邸！

韓國宮廷劇出現許多豪華壯觀的朝鮮王朝時代的豪宅。那些豪宅幾乎是兩班與政權高官居住的地方，廣闊的宅邸可說是權威象徵。究竟兩班宅邸的內部如何配置？想了解當時特權階級的生活樣貌，就必須深入探索最具代表性的兩班宅邸各棟建築。

一般來說，庶民住在有著茅草屋頂的小房子裡，上流階級住在有廣闊庭院，好幾棟瓦片屋頂的大房子連在一起的住宅群中。

從大門口就能看出截然不同的差異。庶民住的房子沒有門，兩班宅邸有一個稱為「大門」的外門，兩旁還有名為行廊的小房子，那裡是奴僕住的地方。他們必須兼當門房，所以住在大門旁邊。

從大門進入會看到一座廣闊庭院，最顯眼的建築物是家長住的舍廊房。訪客來的時候在此招呼款待。

令人印象最深刻的是《公主的男人》的第二集。劇情描述深夜喝醉回家的金承俞從屋外向舍廊房打招呼，讓屋裡的人知道自己回來了。這個舉動同時也是向家長請安，剛好當時父親金宗瑞正在招待訪客，那位訪客就是首陽大君。

此場景令人不禁感到好奇，為何政敵會在深夜造訪金宗瑞？該場景發生的地點就是舍廊房。舍廊房也是家長展現自己家格的重要場所。

舍廊房的後面是內房（안방）。「안」是「內」、「방」是「房」的意思，因此「안방」就是「裡面的房間」，主要是女主人（妻子）生活的地方。朝鮮王朝時代的國教是儒教，受到儒教思想影響，男尊女卑的觀念很重。尤其在上流階級家庭，女性幾乎不露面，因此她們住在男性住的房間後面。

為了方便女性操持家務，廚房就在內房旁邊。將廚房產生的熱氣導引至地下，成為主屋各房間的溫突（地暖氣）。

接著來看別館。

宅邸內的空地地勢高低起伏，在高處設置祠堂，這是祭祀祖先的神聖場所。別堂是未婚兒女生活的地方，通常也當念書的書堂使用。

其他還有倉庫、井等設施，廁所興建在離主屋較遠的地方。朝鮮王朝時代的廁所不會設在主屋，一定會另外蓋一間小房子作為廁所使用。遇到寒夜裡要上廁所時，可真是一大折磨啊！

現在韓國慶尚北道的安東與全羅北道的全州，依舊保留了許多朝鮮王朝時代的兩班宅邸。

安東又稱為「兩班的故鄉」，當地出了許多朝鮮王朝時代的政府高官。當時的豪宅流傳至今，讓後世得以充分了解朝鮮王朝時代的建築樣式。

全州是開創朝鮮王朝的初代君主李成桂的祖先生活的地方。該地在朝鮮王朝時代蓬勃發展，留下許多傳統韓屋，成為現在觀光客最愛的熱門景點。

〈朝鮮王朝時代上流階級的住宅樣式〉

①大門

大門就是最外面的門，大門形狀代表一個家的家格。地位愈高的家族，大門門面愈氣派。

②行廊

大門兩旁的小房子，奴僕住的地方。

③舍廊房

該家家長生活的地方，位於大門進來最顯眼的位置。

④內房

裡面的房間。該家的女性生活的地方。

⑤廚房

內房旁邊是廚房。

⑥祠堂

上流階級的宅邸土地很大，在後

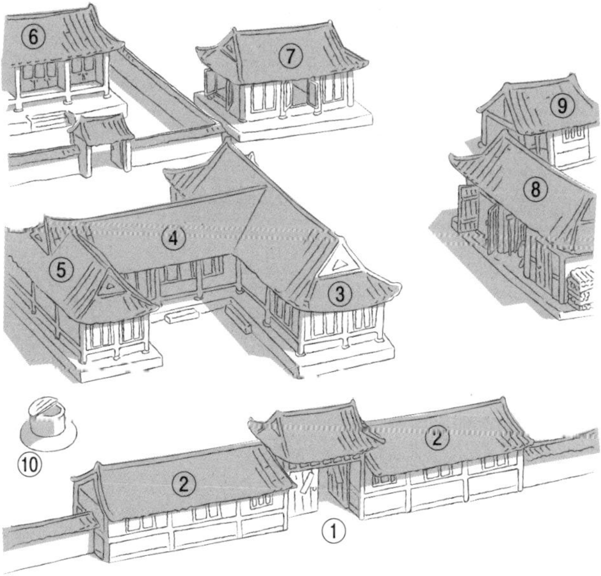

方地勢最高的地方興建祭祀祖先的祠堂。

⑦別堂

未婚的兒子與女兒生活的地方，與主屋分開。

⑧倉庫

保管生活用品的地方。

⑨廁所

朝鮮王朝時代的豪宅，在離主屋最遠的地方設置廁所。

⑩井

廚房旁挖一口井。

五、庶民之家的真實樣貌

兩班宅邸的屋頂是瓦片製成的，但庶民之家幾乎都是茅草屋頂。接下來，讓我們

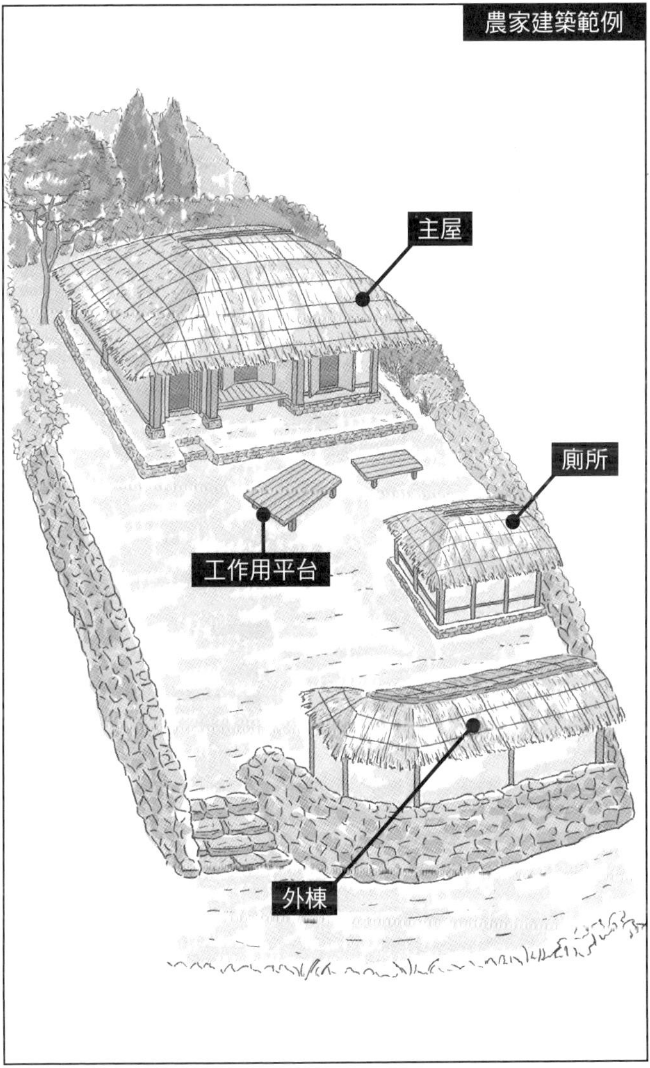
農家建築範例
主屋
廁所
工作用平台
外棟

來看庶民中人口最多的農民住的房子。

農民的房子是由以下三部分構成：

【主屋】

主屋包括客廳、寢室、廚房、檐廊、儲藏室等格局。雖然每個空間不大，但門外有面向庭院的檐廊，天氣好的時候可以坐在檐廊休息。當家族成員愈來愈多，還可以將小孩房設置在外棟。一般農家也會利用廚房產生的熱氣，在家裡地板設置溫突。

【外棟】

外棟位於主屋的對面或旁邊，用來儲藏穀物、飼育家畜，還設置了廁所。不過，通常會另外蓋一個小房子當作廁所。

【庭】

庭（或廣場）位於主屋與外棟之間，中間有幾個平台。收割穀物後，就在平台上整理。簡單來說，庭就是設置在家裡的農務作業場。庭邊種植棗子或柿子等果實可以吃的樹木，結實累累的棗樹帶有多子多孫的意涵，特別受到農家喜愛。

除了農業之外，經營工商業的庶民之家幾乎只有主屋。由於他們不需要穀倉或飼育家畜的場所，因此家裡比農家小。屋頂鋪設茅草，不過，經濟較寬裕的民宅也會使用瓦片屋頂。

六、溫突與架高地板

朝鮮王朝時代的房子最大特色就是溫突與架高地板。容我依序說明。

溫突原文是「온돌」。由於朝鮮半島的冬天十分寒冷，因此溫突是最適合朝鮮半島的地暖系統。

溫突的結構如下：在地板下方建造熱氣流通的通道，放上板石，表面塗泥，貼

位於昌德宮中的溫突灶口。溫突也是王宮不可或缺的設備。

上特殊油紙即完成地板。灶口設計在廚房，點火後熱氣會順著地下通道使整間屋子變溫暖。灶口對面有排氣孔，燃燒產生的煙便從排氣孔排出。

朝鮮半島使用溫突的歷史很悠久，據估算可回溯至四世紀後期的高句麗。後來普及於整個朝鮮半島，朝鮮王朝時代不僅王宮裡的各個宮殿都有，就連庶民之家也有溫突設計。利用廚房產生的熱氣製成地暖系統不僅合乎邏輯，也能讓生活並不寬裕的庶民百姓受惠於溫突，冬天無須受凍度日。

接下來要看的是架高地板。架高地板指的是「鋪著木地板的房間」、「檐廊」。通常使用在無法設置溫突的地方，大多朝向南方。由於架高地板的空間很開放又通風，夏季十分涼爽。簡單來說，架高地板會設置在與有溫突的房間相對的空間裡。

通常設置架高地板的空間是用來舉辦傳統儀式和法事的地方，因此適合乘涼的架高地板其實是家中最神聖的地方。

【溫突】

【架高地板】

替代後記——王朝料理的遺惠

康　熙奉

朝鮮王朝時代的飲食對現在的韓國料理產生什麼樣的影響？

關於這一點，我已在第三章與第四章詳細說明，但總結來說可歸納出以下五點：

・君主每餐都要吃許多道菜，這個習慣反映在往後的韓國料理中。
・祭祀料理成為庶民飲食的模範。
・十六世紀末辣椒傳入韓國，泡菜成為國民料理。
・受到陰陽五行說的影響，混合各種食材一起吃是韓國料理的基本原則。
・朝鮮王朝時代的國教從佛教轉為儒教，肉類料理因此興盛。

綜觀以上五點，可知朝鮮王朝時代的料理正是現代韓國料理的原點。從這一點來看，現代韓國人深深受惠於王朝料理。我在韓國四處旅行時，也充分享受到王朝料理的遺惠。

話說回來，濟州島與全羅道以美食聞名，在此舉幾道料理與各位分享。

朝鮮王朝時代，王族與兩班階級一早起床就喝粥。由於這個緣故，現代韓國人也習慣早上喝粥。其中最出色的就是鮑魚粥。只要去濟州島，街頭巷尾的餐廳天天都有鮑魚粥，想吃隨時都吃得到。

吃一口鮑魚粥，海水的香味瞬間在嘴裡散開來。味道濃郁，令人一吃上癮。更重要的是，鮑魚粥裡放了大量鮑魚，口感十足。即使前一天晚上喝太多酒，只要喝一碗鮑魚粥，就能喚醒身體裡的每一個細胞。一大早就充飽電，真是感動啊！

此外，濟州島最有名的是生魚片與豬肉

鮑魚粥還有海鮮湯和幾盤小菜，以豐盛料理迎接早晨。

這是三人份的生魚片。濟州島盛產白肉魚。

享用生魚片時，餐桌上擺著滿滿的小菜。

這是免費贈送的生魚片，光這一盤就已經夠豐盛了。

料理。

在專門的生魚片餐廳，店家會端出從一整條魚切下來的生魚片。日本的生魚片一盤只有幾片，韓國的出餐方式與日本不同，無論客人點的是牙鮮或鯛魚，店家都會端出一整條魚的生魚片，因此一盤的分量可不小。而且還有免費贈送的生魚片和數量多到驚人的小菜。一群人去吃飯，全部的人吃海鮮吃飽了，要付的錢卻只有當初點的一整條魚的生魚片。以「生魚片天堂」來形容，一點也不為過。

提到濟州島的豬肉料理，「韓式烤豬肋排」堪稱一絕。將醃漬入味的豬肉烤得焦香四溢，可以吃到鮮嫩多汁的豬肉鮮味。

「韓式烤豬肉」的特色就是將醃漬入味的豬肉烤得焦香四溢。

濟州島的豬肉素來以肉質柔軟聞名，讓人一口接一口。朝鮮王朝將國教從佛教改成儒教，才讓濟州島發展出各式豬肉料理。這項傳統完全反映至現在的「韓式烤豬肋排」上。

另一方面，全羅道最有名的是全州的石鍋拌飯。蔬菜調味十分精緻，吃再多也不膩。全州從朝鮮王朝時代就有「美食之都」的美譽，現在也能吃到往昔的傳統美味。

木浦和全州一樣，都是我喜歡的地方。木浦是海產的寶庫，但我想推薦這裡的「部隊鍋」。部隊鍋的韓文是「부대찌개」，最初是將軍隊外流的火腿和香腸放入火鍋中煮而得名，如今已是韓國到處都能吃到的平民火鍋，我在木

一般家庭請客人到家裡吃午餐的菜色，數量之多令人咋舌。

浦吃到的部隊鍋可說是極致美味。無論是濃郁的味道或辛辣口感，都很難找到可以令人如此難忘的料理。那趟旅行讓我成為部隊鍋的忠實愛好者。

韓國從朝鮮王朝時代就發展出各種火鍋料理，加入火腿與香腸一起煮的火鍋，充分體現韓國作風。「混在一起吃的飲食文化」依然鮮明。

在木浦吃的「部隊鍋」。辛辣滋味令人一吃上癮。

從木浦回到首爾的最大樂趣，就是在KTX（韓國新幹線）的車廂內享用火車便當。包含泡菜在內，不僅配菜豐富，飯量也令人飽足。

韓國的「大碗公主義」是朝鮮王朝時代以來的傳統，從飲食中獲得極致的喜悅，無論是朝鮮王朝時代的人或現代韓國人都未曾改變。

韓國的火車便當無論白飯或配菜，分量都很驚人。

【參考文獻】

金英淑編著、中村克哉譯《韓國服飾文化事典》（東方出版）
柳喜卿・朴京子著《韓國服飾文化史》（源流社）
張淑煥監修・著、原田美佳著・譯《朝鮮王朝的服裝與配件》（淡交社）
金英淑著、山邊知行・石山彰・神谷榮子監修《朝鮮朝末期王室服飾》（源流社）
金英淑・孫敬子著《朝鮮王朝韓國服飾圖錄》（臨川書店）
金用淑著、大谷森繁監修、李賢起譯《朝鮮宮中風俗研究》（法政大學出版局）
李齊賢・徐居正著、梅山秀幸譯《櫟翁稗說・筆苑雜記》（作品社）
黃慧性・石毛直道著《韓國之食》（平凡社）
尹端石著、佐佐木道雄譯《韓國飲食生活文化的歷史》（明石書店）
姜仁姫著、玄順惠譯《韓國飲食生活史　從原始到現代》（藤原書店）
李聖雨著、鄭大聲・佐佐木直子譯《韓國料理文化史》（平凡社）
尹瑞石著《韓國飲食文化史》（DOMESU 出版）
佐佐木道雄著《泡菜文化史　朝鮮半島的泡菜・日本的泡菜》（福村出板）

編著者介紹

康　熙奉（Kang Hibong）

一九五四年出生於東京。雙親來自韓國濟州島的在日韓國人二代。主要著作有《知道愈多愈有趣》系列之《朝鮮王朝的歷史與人物》、《古代韓國的歷史與英雄》、《朝鮮王宮　王妃們的命運》、《朝鮮國王　宿命的系譜》、《朝鮮王朝的歷史為何如此有趣》等。現為《新・我愛韓劇！》（雙月刊）總編輯。執筆本書的卷首、第一章部分內容與第五章。

執筆者介紹

朴　敏祐（Park Minwoo）

一九七三年出生於韓國仁川市。韓國東國大學研究所演劇學科修了。以評論韓國大眾文化的作家自居，同時研究亞洲各國的傳統藝術。主要著作為《愛的時候就像裴勇浚》。撰寫本書第二章與第四章。

西牟田　希（Nishimuta Nozomi）

日本神奈川縣相模原市出身。收看無數韓劇，以犀利文字評論韓國宮廷劇深受各界好評。深諳韓國文化，從事韓文會話的分析研究。主要著作為《想了解更多韓國宮廷劇　史石與羅曼史》。負責撰寫本書卷首的部分內容、第一章與第三章。

照片拍攝＝Han Seung-woon（音譯）
攝影協力＝Han Hye-Kyeong、Minjiwon Ulios（皆為音譯）
照片提供＝井上孝、YONHAPNEWS、植村誠、康熙奉
插圖＝竹口睦郁

看韓國宮廷劇十倍樂趣！
朝鮮王朝的衣食住解謎
韓流ドラマが10倍 しめる 朝鮮王朝の衣食住

作者——康熙奉
譯者——游韻馨
執行長——陳蕙慧
總編輯——郭昕詠
編輯——徐昉驊、陳柔君
行銷總監——李逸文
資深行銷企劃——張元慧
封面設計——霧　室
封面插畫——黃正文
排版——簡單瑛設

國家圖書館出版品預行編目（CIP）資料

看韓國宮廷劇十倍樂趣！朝鮮王朝的衣食住解謎／康熙奉著；游韻馨譯——初版.——新北市：遠足文化，2018.10
譯自：韓流ドラマが10倍 しめる 朝鮮王朝の衣食住
ISBN 978-957-8630-70-3（平裝）
1. 社會生活 2. 風物志 3. 韓國

538.832　　107014527

社長——郭重興
發行人兼
出版總監——曾大福
出版者——遠足文化事業股份有限公司
地址——231 新北市新店區民權路 108-2 號 9 樓
電話——(02)2218-1417
傳真——(02)2218-0727
E-mail——service@bookrep.com.tw
郵撥帳號——19504465
客服專線——0800-221-029
Facebook——https://www.facebook.com/saikounippon/
法律顧問——華洋法律事務所 蘇文生律師
印製——呈靖彩藝有限公司

初版一刷 2018 年 10 月
Printed in Taiwan